TRANZLATY

Language is for everyone

Bahasa adalah untuk semua orang

The Little Mermaid

Ikan Duyung Kecil

Hans Christian Andersen

English / Bahasa Melayu

Copyright © 2023 Tranzlaty
All rights reserved.
Published by Tranzlaty
ISBN: 978-1-83566-946-4
Original text by Hans Christian Andersen
Den Lille Havfrue
First published in Danish in 1837
www.tranzlaty.com

The Sea King's Palace
Istana Raja Laut

Far out in the ocean, where the water is blue
Jauh di lautan, di mana airnya berwarna biru
here the water is as blue as the prettiest cornflower
di sini airnya berwarna biru seperti bunga jagung yang tercantik
and the water is as clear as the purest crystal
dan airnya sejernih kristal yang paling tulen
this water, far out in the ocean is very, very deep
air ini, jauh di lautan adalah sangat-sangat dalam
water so deep, indeed, that no cable could reach the bottom
air yang sangat dalam, sesungguhnya, tiada kabel boleh sampai ke dasar
you could pile many church steeples upon each other
anda boleh menimbun banyak menara gereja di atas satu sama lain
but all the churches could not reach the surface of the water
tetapi semua gereja tidak dapat mencapai permukaan air
There dwell the Sea King and his subjects
Di sana bersemayam Raja Laut dan rakyatnya
you might think it is just bare yellow sand at the bottom
anda mungkin fikir ia hanyalah pasir kuning kosong di bahagian bawah
but we must not imagine that there is nothing there
tetapi kita tidak boleh membayangkan bahawa tiada apa-apa di sana
on this sand grow the strangest flowers and plants
di atas pasir ini tumbuh bunga dan tumbuhan yang paling aneh
and you can't imagine how pliant the leaves and stems are
dan anda tidak dapat bayangkan betapa lenturnya daun dan batangnya
the slightest agitation of the water causes the leaves to stir
pergolakan sedikit air menyebabkan daun kacau

it is as if each leaf had a life of its own
seolah-olah setiap daun mempunyai kehidupannya sendiri
Fishes, both large and small, glide between the branches
Ikan, besar dan kecil, meluncur di antara dahan
just like when birds fly among the trees here upon land
sama seperti burung terbang di antara pokok di sini di darat

In the deepest spot of all stands a beautiful castle
Di tempat yang paling dalam dari semuanya berdiri sebuah istana yang indah
this beautiful castle is the castle of the Sea King
istana yang indah ini ialah istana Raja Laut
the walls of the castle are built of coral
dinding istana dibina daripada batu karang
and the long Gothic windows are of the clearest amber
dan tingkap Gothic yang panjang adalah daripada ambar yang paling jelas
The roof of the castle is formed of sea shells
Bumbung istana terbentuk daripada kerang laut
and the shells open and close as the water flows over them
dan cangkerang terbuka dan tertutup apabila air mengalir ke atasnya
Their appearance is more beautiful than can be described
Penampilan mereka lebih cantik daripada yang boleh digambarkan
within each shell there lies a glittering pearl
dalam setiap cangkang terdapat mutiara yang berkilauan
and each pearl would be fit for the diadem of a queen
dan setiap mutiara akan sesuai untuk mahkota seorang ratu

The Sea King had been a widower for many years
Raja Laut telah menjadi duda selama bertahun-tahun
and his aged mother looked after the household for him
dan ibunya yang sudah tua menjaga rumah tangga untuknya
She was a very sensible woman
Dia seorang wanita yang sangat berakal

but she was exceedingly proud of her royal birth
tetapi dia sangat bangga dengan kelahiran rajanya
and on that account she wore twelve oysters on her tail
dan atas sebab itu dia memakai dua belas tiram di ekornya
others of high rank were only allowed to wear six oysters
orang lain yang berpangkat tinggi hanya dibenarkan memakai enam ekor tiram
She was, however, deserving of very great praise
Dia, bagaimanapun, layak mendapat pujian yang sangat besar
there was something she especially deserved praise for
ada sesuatu yang dia patut mendapat pujian
she took great care of the little sea princesses
dia sangat menjaga puteri laut kecil itu
she had six granddaughters that she loved
dia mempunyai enam cucu perempuan yang dia sayangi
all the sea princesses were beautiful children
semua puteri laut adalah kanak-kanak yang cantik
but the youngest sea princess was the prettiest of them
tetapi puteri laut yang paling muda adalah yang paling cantik antara mereka
Her skin was as clear and delicate as a rose leaf
Kulitnya bersih dan halus seperti daun mawar
and her eyes were as blue as the deepest sea
dan matanya biru seperti laut yang paling dalam
but, like all the others, she had no feet
tetapi, seperti yang lain, dia tidak mempunyai kaki
and at the end of her body was a fish's tail
dan di hujung badannya ada ekor ikan

All day long they played in the great halls of the castle
Sepanjang hari mereka bermain di dewan besar istana
out of the walls of the castle grew beautiful flowers
daripada dinding istana itu tumbuh bunga-bunga yang cantik
and she loved to play among the living flowers
dan dia suka bermain di antara bunga hidup
The large amber windows were open, and the fish swam in

Tingkap ambar besar terbuka, dan ikan berenang masuk
it is just like when we leave the windows open
ia sama seperti apabila kita membiarkan tingkap terbuka
and then the pretty swallows fly into our houses
dan kemudian burung layang-layang yang cantik terbang ke dalam rumah kami
only the fishes swam up to the princesses
hanya ikan-ikan yang berenang ke atas puteri
they were the only ones that ate out of her hands
mereka sahaja yang makan dari tangannya
and they allowed themselves to be stroked by her
dan mereka membiarkan diri mereka dibelai olehnya

Outside the castle there was a beautiful garden
Di luar istana terdapat taman yang indah
in the garden grew bright-red and dark-blue flowers
di taman itu tumbuh bunga merah terang dan biru tua
and there grew blossoms like flames of fire
dan tumbuhlah bunga-bunga seperti nyala api
the fruit on the plants glittered like gold
buah pada tumbuhan berkilauan seperti emas
and the leaves and stems continually waved to and fro
dan daun dan batang terus melambai ke sana ke mari
The earth on the ground was the finest sand
Tanah di atas tanah adalah pasir yang paling halus
but this sand does not have the colour of the sand we know
tetapi pasir ini tidak mempunyai warna pasir yang kita tahu
this sand is as blue as the flame of burning sulphur
pasir ini berwarna biru seperti nyalaan sulfur yang menyala
Over everything lay a peculiar blue radiance
Di atas segala-galanya terdapat pancaran biru yang pelik
it is as if the blue sky were everywhere
seolah-olah langit biru ada di mana-mana
the blue of the sky was above and below
biru langit adalah di atas dan di bawah
In calm weather the sun could be seen

Dalam cuaca tenang matahari boleh dilihat
from here the sun looked like a reddish-purple flower
dari sini matahari kelihatan seperti bunga ungu kemerahan
and the light streamed from the calyx of the flower
dan cahaya mengalir dari kelopak bunga itu

the palace garden was divided into several parts
taman istana terbahagi kepada beberapa bahagian
Each of the princesses had their own little plot of ground
Setiap puteri mempunyai sebidang tanah mereka sendiri
on this plot they could plant whatever flowers they pleased
pada plot ini mereka boleh menanam apa sahaja bunga yang mereka suka
one princess arranged her flower bed in the form of a whale
seorang puteri menyusun katil bunganya dalam bentuk ikan paus
one princess arranged her flowers like a little mermaid
seorang puteri menyusun bunganya seperti ikan duyung kecil
and the youngest child made her garden round, like the sun
dan anak bongsu membuat tamannya bulat, seperti matahari
and in her garden grew beautiful red flowers
dan di tamannya tumbuh bunga merah yang indah
these flowers were as red as the rays of the sunset
bunga-bunga ini merah seperti sinar matahari terbenam

She was a strange child; quiet and thoughtful
Dia seorang kanak-kanak yang pelik; senyap dan termenung
her sisters showed delight at the wonderful things
adik-adiknya menunjukkan kegembiraan pada perkara-perkara yang indah
the things they obtained from the wrecks of vessels
benda yang mereka perolehi daripada bangkai kapal
but she cared only for her pretty red flowers
tetapi dia hanya menjaga bunga merahnya yang cantik
although there was also a beautiful marble statue
walaupun terdapat juga patung marmar yang cantik

the statue was the representation of a handsome boy
patung itu adalah gambaran seorang budak lelaki yang kacak
the boy had been carved out of pure white stone
budak itu telah diukir daripada batu putih tulen
and the statue had fallen to the bottom of the sea from a wreck
dan patung itu telah jatuh ke dasar laut akibat bangkai kapal
for this marble statue of a boy she cared about too
untuk patung marmar budak lelaki yang dia sayangi juga

She planted, by the statue, a rose-colored weeping willow
Dia menanam, di tepi patung itu, pohon willow menangis berwarna mawar
and soon the weeping willow hung its fresh branches over the statue
dan tidak lama kemudian willow yang menangis menggantungkan dahan-dahannya yang segar di atas patung itu
the branches almost reached down to the blue sands
dahan hampir mencecah ke pasir biru
The shadows of the tree had the color of violet
Bayang-bayang pokok itu mempunyai warna ungu
and the shadows waved to and fro like the branches
dan bayang-bayang melambai ke sana ke mari seperti dahan
all of this created the most interesting illusion
semua ini mencipta ilusi yang paling menarik
it was as if the crown of the tree and the roots were playing
seolah-olah mahkota pokok dan akarnya sedang bermain
it looked as if they were trying to kiss each other
kelihatan seolah-olah mereka cuba mencium antara satu sama lain

her greatest pleasure was hearing about the world above
keseronokannya ialah mendengar tentang dunia di atas
the world above the deep sea she lived in
dunia di atas laut dalam yang dia tinggal

She made her old grandmother tell her all about the upper world
Dia membuat nenek tuanya memberitahunya tentang dunia atas
the ships and the towns, the people and the animals
kapal dan pekan, manusia dan binatang
up there the flowers of the land had fragrance
di atas sana bunga-bunga tanah mempunyai wangian
the flowers below the sea had no fragrance
bunga di bawah laut tidak mempunyai wangian
up there the trees of the forest were green
di atas sana pokok-pokok hutan itu menghijau
and the fishes in the trees could sing beautifully
dan ikan-ikan di dalam pokok boleh menyanyi dengan indah
up there it was a pleasure to listen to the fish
di atas sana seronok mendengar ikan
her grandmother called the birds fishes
neneknya memanggil burung itu sebagai ikan
else the little mermaid would not have understood
kalau tidak duyung kecil itu tidak akan faham
because the little mermaid had never seen birds
kerana duyung kecil itu tidak pernah melihat burung

her grandmother told her about the rites of mermaids
neneknya memberitahunya tentang upacara ikan duyung
"one day you will reach your fifteenth year"
"suatu hari anda akan mencapai tahun kelima belas"
"then you will have permission to go to the surface"
"maka kamu akan mendapat kebenaran untuk pergi ke permukaan"
"you will be able to sit on the rocks in the moonlight"
"anda akan dapat duduk di atas batu dalam cahaya bulan"
"and you will see the great ships go sailing by"
"dan anda akan melihat kapal-kapal besar pergi belayar"
"Then you will see forests and towns and the people"

"Kemudian kamu akan melihat hutan dan bandar-bandar dan orang-orang"

the following year one of the sisters was going to be fifteen
tahun berikutnya salah seorang daripada saudara perempuan itu akan berumur lima belas tahun
but each sister was a year younger than the other
tetapi setiap adik perempuan adalah setahun lebih muda daripada yang lain
the youngest sister was going to have to wait five years before her turn
adik bongsu terpaksa menunggu lima tahun sebelum gilirannya
only then could she rise up from the bottom of the ocean
barulah dia boleh bangkit dari dasar lautan
and only then could she see the earth as we do
dan barulah dia dapat melihat bumi seperti kita
However, each of the sisters made each other a promise
Namun, masing-masing adik beradik berjanji antara satu sama lain
they were going to tell the others what they had seen
mereka akan memberitahu yang lain apa yang telah mereka lihat
Their grandmother could not tell them enough
Nenek mereka tidak dapat memberitahu mereka cukup
there were so many things they wanted to know about
terdapat begitu banyak perkara yang mereka ingin tahu

the youngest sister longed for her turn the most
adik bongsu yang paling mendambakan gilirannya
but, she had to wait longer than all the others
tetapi, dia terpaksa menunggu lebih lama daripada yang lain
and she was so quiet and thoughtful about the world
dan dia begitu pendiam dan berfikir tentang dunia
there were many nights where she stood by the open window

terdapat banyak malam di mana dia berdiri di tepi tingkap yang terbuka
and she looked up through the dark blue water
dan dia mendongak melalui air biru gelap
and she watched the fish as they splashed with their fins
dan dia memerhatikan ikan itu ketika mereka memercik dengan sirip mereka
She could see the moon and stars shining faintly
Dia dapat melihat bulan dan bintang bersinar samar-samar
but from deep below the water these things look different
tetapi dari jauh di bawah air perkara-perkara ini kelihatan berbeza
the moon and stars looked larger than they do to our eyes
bulan dan bintang kelihatan lebih besar daripada mereka pada mata kita
sometimes, something like a black cloud went past
kadangkala, sesuatu seperti awan hitam berlalu
she knew that it could be a whale swimming over her head
dia tahu bahawa ia boleh menjadi ikan paus yang berenang di atas kepalanya
or it could be a ship, full of human beings
atau boleh jadi kapal, penuh dengan manusia
human beings who couldn't imagine what was under them
manusia yang tidak dapat membayangkan apa yang ada di bawahnya
a pretty little mermaid holding out her white hands
ikan duyung kecil yang cantik menghulurkan tangan putihnya
a pretty little mermaid reaching towards their ship
seekor ikan duyung kecil yang cantik mencapai ke arah kapal mereka

The Little Mermaid's Sisters
Adik-adik Duyung Kecil

The day came when the eldest mermaid had her fifteenth birthday
Hari itu tiba apabila ikan duyung sulung itu menyambut hari lahirnya yang kelima belas
now she was allowed to rise to the surface of the ocean
kini dia dibenarkan naik ke permukaan lautan
and that night she swum up to the surface
dan malam itu dia berenang ke permukaan
you can imagine all the things she saw up there
anda boleh bayangkan semua perkara yang dia lihat di atas sana
and you can imagine all the things she had to talk about
dan anda boleh bayangkan semua perkara yang dia perlu bincangkan
But the finest thing, she said, was to lie on a sand bank
Tetapi perkara terbaik, katanya, adalah berbaring di atas tebing pasir
in the quiet moonlit sea, near the shore
di laut yang tenang diterangi cahaya bulan, berhampiran pantai
from there she had gazed at the lights on the land
dari situ dia telah merenung lampu di atas tanah
they were the lights of the near-by town
mereka adalah lampu bandar berhampiran
the lights had twinkled like hundreds of stars
lampu telah berkelip-kelip seperti ratusan bintang
she had listened to the sounds of music from the town
dia telah mendengar bunyi muzik dari bandar itu
she had heard noise of carriages drawn by their horses
dia telah mendengar bunyi kereta yang ditarik oleh kuda mereka
and she had heard the voices of human beings
dan dia telah mendengar suara manusia

and the had heard merry pealing of the bells
dan telah mendengar bunyi riang loceng
the bells ringing in the church steeples
loceng berbunyi di menara gereja
but she could not go near all these wonderful things
tetapi dia tidak dapat mendekati semua perkara yang indah ini
so she longed for these wonderful things all the more
jadi dia semakin mendambakan perkara-perkara yang indah ini

you can imagine how eagerly the youngest sister listened
anda boleh bayangkan betapa bersemangatnya adik bongsu itu mendengar
the descriptions of the upper world were like a dream
perihal dunia atas adalah seperti mimpi
afterwards she stood at the open window of her room
selepas itu dia berdiri di tingkap biliknya yang terbuka
and she looked to the surface, through the dark-blue water
dan dia melihat ke permukaan, melalui air biru tua
she thought of the great city her sister had told her of
dia memikirkan kota besar yang diceritakan oleh kakaknya
the great city with all its bustle and noise
bandar yang hebat dengan segala kesibukan dan kebisingannya
she even fancied she could hear the sound of the bells
dia juga terfikir dia boleh mendengar bunyi loceng
she imagined the sound of the bells carried to the depths of the sea
dia terbayang bunyi loceng yang dibawa ke kedalaman laut

after another year the second sister had her birthday
selepas setahun lagi kakak kedua telah hari lahirnya
she too received permission to swim up to the surface
dia juga mendapat kebenaran untuk berenang ke permukaan
and from there she could swim about where she pleased

dan dari situ dia boleh berenang ke mana-mana yang dia suka
She had gone to the surface just as the sun was setting
Dia telah pergi ke permukaan tepat ketika matahari terbenam
this, she said, was the most beautiful sight of all
ini, katanya, adalah pemandangan yang paling indah
The whole sky looked like a disk of pure gold
Seluruh langit kelihatan seperti cakera emas tulen
and there were violet and rose-colored clouds
dan terdapat awan ungu dan berwarna mawar
they were too beautiful to describe, she said
mereka terlalu indah untuk digambarkan, katanya
and she said how the clouds drifted across the sky
dan dia berkata bagaimana awan melayang di langit
and something had flown by more swiftly than the clouds
dan sesuatu telah terbang dengan lebih pantas daripada awan
a large flock of wild swans flew toward the setting sun
sekawan besar angsa liar terbang ke arah matahari terbenam
the swans had been like a long white veil across the sea
angsa-angsa itu seperti selubung putih yang panjang di seberang laut
She had also tried to swim towards the sun
Dia juga cuba berenang ke arah matahari
but some distance away the sun sank into the waves
tetapi agak jauh matahari tenggelam ke dalam ombak
she saw how the rosy tints faded from the clouds
dia melihat bagaimana warna merah jambu pudar dari awan
and she saw how the colour had also faded from the sea
dan dia melihat bagaimana warna itu juga telah pudar dari laut

the next year it was the third sister's turn
tahun seterusnya giliran adik yang ketiga
this sister was the most daring of all the sisters
kakak ini adalah yang paling berani antara semua kakak
she swam up a broad river that emptied into the sea
dia berenang ke sungai yang luas yang mengalir ke laut

On the banks of the river she saw green hills
Di tebing sungai dia melihat bukit-bukit hijau
the green hills were covered with beautiful vines
bukit-bukit yang menghijau ditutupi dengan pokok anggur yang indah
and on the hills there were forests of trees
dan di atas bukit terdapat hutan pokok
and out of the forests palaces and castles poked out
dan keluar dari hutan istana dan istana mencucuk keluar
She had heard birds singing in the trees
Dia telah mendengar burung menyanyi di atas pokok
and she had felt the rays of the sun on her skin
dan dia telah merasakan sinaran matahari pada kulitnya
the rays were so strong that she had to dive back
sinaran sangat kuat sehingga dia terpaksa menyelam kembali
and she cooled her burning face in the cool water
dan dia menyejukkan mukanya yang terbakar di dalam air yang sejuk
In a narrow creek she found a group of little children
Di anak sungai yang sempit dia menemui sekumpulan kanak-kanak kecil
they were the first human children she had ever seen
mereka adalah anak manusia pertama yang pernah dilihatnya
She wanted to play with the children too
Dia mahu bermain dengan kanak-kanak juga
but the children fled from her in a great fright
tetapi kanak-kanak itu melarikan diri daripadanya dalam ketakutan yang besar
and then a little black animal came to the water
dan kemudian seekor binatang hitam kecil datang ke air
it was a dog, but she did not know it was a dog
ia adalah seekor anjing, tetapi dia tidak tahu ia adalah seekor anjing
because she had never seen a dog before
kerana dia tidak pernah melihat anjing sebelum ini
and the dog barked at the mermaid furiously

dan anjing itu menyalak pada ikan duyung itu dengan marah
she became frightened and rushed back to the open sea
dia menjadi ketakutan dan bergegas kembali ke laut lepas
But she said she should never forget the beautiful forest
Tetapi dia berkata dia tidak boleh melupakan hutan yang indah itu
the green hills and the pretty children
bukit-bukit hijau dan kanak-kanak yang cantik
she found it exceptionally funny how they swam
dia mendapati ia sangat lucu bagaimana mereka berenang
because the little human children didn't have tails
sebab anak manusia kecik tak berekor
so with their little legs they kicked the water
jadi dengan kaki kecil mereka menendang air

The fourth sister was more timid than the last
Kakak keempat lebih pemalu daripada yang lepas
She had decided to stay in the midst of the sea
Dia telah memutuskan untuk tinggal di tengah-tengah laut
but she said it was as beautiful there as nearer the land
tetapi dia berkata ia adalah indah di sana seperti yang lebih dekat dengan tanah itu
from the surface she could see many miles around her
dari permukaan dia dapat melihat banyak batu di sekelilingnya
the sky above her looked like a bell of glass
langit di atasnya kelihatan seperti loceng kaca
and she had seen the ships sail by
dan dia telah melihat kapal-kapal belayar
but the ships were at a very great distance from her
tetapi kapal-kapal itu berada pada jarak yang sangat jauh darinya
and, with their sails, the ships looked like sea gulls
dan, dengan layar mereka, kapal-kapal itu kelihatan seperti camar laut
she saw how the dolphins played in the waves

dia melihat bagaimana ikan lumba-lumba bermain ombak
and great whales spouted water from their nostrils
dan paus besar menyemburkan air dari lubang hidung mereka
like a hundred fountains all playing together
seperti seratus air pancut yang semuanya bermain bersama

The fifth sister's birthday occurred in the winter
Hari lahir kakak yang kelima berlaku pada musim sejuk
so she saw things that the others had not seen
jadi dia melihat perkara yang tidak dilihat oleh orang lain
at this time of the year the sea looked green
pada masa ini tahun laut kelihatan hijau
large icebergs were floating on the green water
bongkah ais besar terapung di atas air hijau
and each iceberg looked like a pearl, she said
dan setiap gunung ais kelihatan seperti mutiara, katanya
but they were larger and loftier than the churches
tetapi mereka lebih besar dan lebih tinggi daripada gereja-gereja
and they were of the most interesting shapes
dan mereka adalah bentuk yang paling menarik
and each iceberg glittered like diamonds
dan setiap gunung ais bergemerlapan seperti berlian
She had seated herself on one of the icebergs
Dia telah duduk di atas salah satu gunung ais
and she let the wind play with her long hair
dan dia membiarkan angin bermain dengan rambutnya yang panjang
She noticed something interesting about the ships
Dia perasan sesuatu yang menarik tentang kapal itu
all the ships sailed past the icebergs very rapidly
semua kapal belayar melepasi gunung ais dengan sangat pantas
and they steered away as far as they could
dan mereka menjauhkan diri sejauh yang mereka boleh

it was as if they were afraid of the iceberg
seolah-olah mereka takut dengan bongkah ais itu
she stayed out at sea into the evening
dia tinggal di laut hingga petang
the sun went down and dark clouds covered the sky
matahari terbenam dan awan gelap menutupi langit
the thunder rolled across the ocean of icebergs
guruh bergolek melintasi lautan gunung ais
and the flashes of lightning glowed red on the icebergs
dan kilat memancar merah di atas gunung ais
and the icebergs were tossed about by the heaving sea
dan bongkah ais itu dilambungkan oleh laut yang berombak
the sails of all the ships were trembling with fear
layar semua kapal bergetar ketakutan
and the mermaid sat calmly on the floating iceberg
dan ikan duyung itu duduk dengan tenang di atas gunung ais yang terapung
and she watched the lightning strike into the sea
dan dia melihat kilat menyambar ke dalam laut

All of her five older sisters had grown up now
Kesemua lima orang kakaknya telah dewasa sekarang
therefore they could go to the surface when they pleased
oleh itu mereka boleh pergi ke permukaan apabila mereka suka
at first they were delighted with the surface world
pada mulanya mereka gembira dengan dunia permukaan
they couldn't get enough of the new and beautiful sights
mereka tidak boleh berpuas hati dengan pemandangan baru dan indah
but eventually they all grew indifferent towards the upper world
tetapi akhirnya mereka semua menjadi acuh tak acuh terhadap dunia atas
and after a month they didn't visit the surface world much at all anymore

dan selepas sebulan mereka tidak banyak melawat dunia permukaan lagi
they told their sister it was much more beautiful at home
mereka memberitahu kakak mereka itu jauh lebih cantik di rumah

Yet often, in the evening hours, they did go up
Namun selalunya, pada waktu petang, mereka memang naik
the five sisters twined their arms round each other
kelima-lima beradik itu saling berpegangan tangan
and together, arm in arm, they rose to the surface
dan bersama-sama, berpegangan tangan, mereka naik ke permukaan
often they went up when there was a storm approaching
selalunya mereka naik apabila ada ribut yang menghampiri
they feared that the storm might win a ship
mereka takut bahawa ribut boleh memenangi sebuah kapal
so they swam to the vessel and sung to the sailors
jadi mereka berenang ke kapal dan menyanyi kepada kelasi
Their voices were more charming than that of any human
Suara mereka lebih menawan daripada mana-mana manusia
and they begged the voyagers not to fear if they sank
dan mereka merayu kepada pelayar supaya tidak takut jika mereka tenggelam
because the depths of the sea was full of delights
kerana kedalaman laut penuh dengan keseronokan
But the sailors could not understand their songs
Tetapi pelaut tidak dapat memahami lagu mereka
and they thought their singing was the sighing of the storm
dan mereka menyangka nyanyian mereka adalah desahan ribut
therefore their songs were never beautiful to the sailors
oleh itu lagu-lagu mereka tidak pernah indah kepada kelasi
because if the ship sank the men would drown
kerana jika kapal itu tenggelam lelaki itu akan lemas
the dead gained nothing from the palace of the Sea King

orang mati tidak memperoleh apa-apa daripada istana Raja Laut
but their youngest sister was left at the bottom of the sea
tetapi adik bongsu mereka ditinggalkan di dasar laut
looking up at them, she was ready to cry
memandang mereka, dia sudah bersedia untuk menangis
you should know mermaids have no tears that they can cry
anda harus tahu ikan duyung tidak mempunyai air mata yang boleh mereka menangis
so her pain and suffering was more acute than ours
jadi kesakitan dan penderitaannya lebih teruk daripada kita
"Oh, I wish I was also fifteen years old!" said she
"Oh, saya harap saya juga berumur lima belas tahun!" kata dia
"I know that I shall love the world up there"
"Saya tahu bahawa saya akan mencintai dunia di atas sana"
"and I shall love all the people who live in that world"
"dan saya akan mengasihi semua orang yang tinggal di dunia itu"

The Little Mermaid's Birthday
Hari Lahir Putri Duyung Kecil

but, at last, she too reached her fifteenth birthday
tetapi, akhirnya, dia juga mencapai hari lahirnya yang kelima belas
"Well, now you are grown up," said her grandmother
"Nah, sekarang kamu sudah dewasa," kata neneknya
"Come, and let me adorn you like your sisters"
"Mari, dan biarkan saya menghiasi awak seperti saudara perempuan awak"
And she placed a wreath of white lilies in her hair
Dan dia meletakkan sekuntum bunga lili putih di rambutnya
every petal of the lilies was half a pearl
setiap kelopak bunga teratai adalah setengah mutiara
Then, the old lady ordered eight great oysters to come
Kemudian, wanita tua itu mengarahkan lapan ekor tiram yang hebat untuk datang
the oysters attached themselves to the tail of the princess
tiram itu melekat pada ekor puteri
under the sea oysters are used to show your rank
di bawah laut tiram digunakan untuk menunjukkan pangkat anda
"But the oysters hurt me so," said the little mermaid
"Tetapi tiram itu menyakiti saya," kata ikan duyung kecil itu
"Yes, I know oysters hurt," replied the old lady
"Ya, saya tahu tiram sakit," jawab wanita tua itu
"but you know very well that pride must suffer pain"
"tetapi anda tahu betul bahawa kesombongan mesti mengalami kesakitan"
how gladly she would have shaken off all this grandeur
betapa gembiranya dia akan menyingkirkan semua kemegahan ini
she would have loved to lay aside the heavy wreath!
dia akan suka mengetepikan kalungan yang berat itu!
she thought of the red flowers in her own garden

dia memikirkan bunga merah di tamannya sendiri
the red flowers would have suited her much better
bunga merah akan lebih sesuai untuknya
But she could not change herself into something else
Tetapi dia tidak dapat mengubah dirinya menjadi sesuatu yang lain
so she said farewell to her grandmother and sisters
jadi dia mengucapkan selamat tinggal kepada nenek dan adik-beradiknya
and, as lightly as a bubble, she rose to the surface
dan, selembut gelembung, dia bangkit ke permukaan

The sun had just set when she raised her head above the waves
Matahari baru sahaja terbenam apabila dia mengangkat kepalanya di atas ombak
The clouds were tinted with crimson and gold from the sunset
Awan itu diwarnai dengan lembayung dan emas dari matahari terbenam
and through the glimmering twilight beamed the evening star
dan melalui senja yang berkilauan memancarkan bintang petang
The sea was calm, and the sea air was mild and fresh
Lautnya tenang, dan udara lautnya lembut dan segar
A large ship with three masts lay lay calmly on the water
Sebuah kapal besar dengan tiga tiang terbaring tenang di atas air
only one sail was set, for not a breeze stirred
hanya satu layar dipasang, kerana angin tidak bergerak
and the sailors sat idle on deck, or amidst the rigging
dan kelasi duduk terbiar di geladak, atau di tengah-tengah rigging
There was music and songs on board of the ship
Terdapat muzik dan lagu di atas kapal

as darkness came a hundred colored lanterns were lighted
ketika kegelapan datang seratus tanglung berwarna dinyalakan
it was as if the flags of all nations waved in the air
seolah-olah bendera semua bangsa berkibar di udara

The little mermaid swam close to the cabin windows
Ikan duyung kecil itu berenang dekat dengan tingkap kabin
now and then the waves of the sea lifted her up
sekali-sekala ombak laut mengangkatnya
she could look in through the glass window-panes
dia boleh melihat ke dalam melalui tingkap kaca
and she could see a number of curiously dressed people
dan dia dapat melihat beberapa orang berpakaian pelik
Among the people she could see there was a young prince
Di antara orang yang dilihatnya terdapat seorang putera muda
the prince was the most beautiful of them all
putera raja adalah yang paling cantik antara mereka semua
she had never seen anyone with such beautiful eyes
dia tidak pernah melihat sesiapa yang mempunyai mata yang begitu cantik
it was the celebration of his sixteenth birthday
ia adalah sambutan hari lahirnya yang keenam belas
The sailors were dancing on the deck of the ship
Para kelasi sedang menari di atas dek kapal
all cheered when the prince came out of the cabin
semua bersorak apabila putera raja keluar dari kabin
and more than a hundred rockets rose into the air
dan lebih daripada seratus roket naik ke udara
for some time the fireworks made the sky as bright as day
untuk beberapa ketika bunga api itu menjadikan langit cerah seperti siang
of course our young mermaid had never seen fireworks before

sudah tentu duyung muda kita tidak pernah melihat bunga api sebelum ini
startled by all the noise, she went back under the water
terkejut dengan semua bunyi itu, dia kembali ke bawah air
but soon she again stretched out her head
tetapi tidak lama kemudian dia kembali menghulurkan kepalanya
it was as if all the stars of heaven were falling around her
seolah-olah semua bintang di langit berjatuhan di sekelilingnya
splendid fireflies flew up into the blue air
kelip-kelip yang indah terbang ke udara biru
and everything was reflected in the clear, calm sea
dan segala-galanya dipantulkan dalam laut yang jernih dan tenang
The ship itself was brightly illuminated by all the light
Kapal itu sendiri diterangi dengan terang oleh semua cahaya
she could see all the people and even the smallest rope
dia dapat melihat semua orang dan bahkan tali yang paling kecil
How handsome the young prince looked thanking his guests!
Sungguh kacak putera muda itu kelihatan berterima kasih kepada tetamunya!
and the music resounded through the clear night air!
dan muziknya berkumandang di udara malam yang jernih!

the birthday celebrations lasted late into the night
sambutan hari jadi berlangsung hingga larut malam
but the little mermaid could not take her eyes from the ship
tetapi ikan duyung kecil itu tidak dapat mengalihkan pandangannya dari kapal itu
nor could she take her eyes from the beautiful prince
dia juga tidak dapat mengalihkan pandangannya dari putera yang cantik itu
The colored lanterns had now been extinguished

Tanglung berwarna kini telah dipadamkan
and there were no more rockets that rose into the air
dan tiada lagi roket yang naik ke udara
the cannon of the ship had also ceased firing
meriam kapal itu juga telah berhenti menembak
but now it was the sea that became restless
tetapi sekarang ia adalah laut yang menjadi resah
a moaning, grumbling sound could be heard beneath the waves
kedengaran bunyi rintihan dan rungutan di bawah ombak
and yet, the little mermaid remained by the cabin window
namun, ikan duyung kecil itu kekal di tepi tingkap kabin
she was rocking up and down on the water
dia bergoyang-goyang di atas air
so that she could keep looking into the ship
supaya dia boleh terus melihat ke dalam kapal
After a while the sails were quickly set
Selepas beberapa ketika, layar cepat dipasang
and the ship went on her way back to port
dan kapal itu meneruskan perjalanan pulang ke pelabuhan

But soon the waves rose higher and higher
Tetapi tidak lama kemudian ombak naik lebih tinggi dan lebih tinggi
dark, heavy clouds darkened the night sky
awan gelap dan tebal menggelapkan langit malam
and there appeared flashes of lightning in the distance
dan kelihatan kilat di kejauhan
not far away a dreadful storm was approaching
tidak jauh ribut yang dahsyat menghampiri
Once more the sails were lowered against the wind
Sekali lagi layar diturunkan melawan angin
and the great ship pursued her course over the raging sea
dan kapal besar itu meneruskan perjalanannya di atas laut yang mengamuk
The waves rose as high as the mountains

Ombak naik setinggi gunung
one would have thought the waves were going to have the ship
orang akan menyangka ombak akan mempunyai kapal itu
but the ship dived like a swan between the waves
tetapi kapal itu menyelam seperti angsa di antara ombak
then she rose again on their lofty, foaming crests
kemudian dia bangkit semula di atas puncaknya yang tinggi dan berbuih
To the little mermaid this was pleasant to watch
Bagi ikan duyung kecil ini menyenangkan untuk ditonton
but it was not pleasant for the sailors
tetapi ia tidak menyenangkan bagi pelayar
the ship made awful groaning and creaking sounds
kapal itu membuat erangan dan bunyi keriut yang mengerikan
and the waves broke over the deck of the ship again and again
dan ombak memecah geladak kapal itu lagi dan lagi
the thick planks gave way under the lashing of the sea
papan-papan tebal memberi laluan di bawah sebatan laut
under the pressure the mainmast snapped asunder, like a reed
di bawah tekanan tiang utama terputus, seperti buluh
and, as the ship lay over on her side, the water rushed in
dan, ketika kapal itu berbaring di sisinya, air mengalir masuk

The little mermaid realized that the crew were in danger
Ikan duyung kecil menyedari bahawa anak kapal berada dalam bahaya
her own situation wasn't without danger either
keadaannya sendiri juga bukan tanpa bahaya
she had to avoid the beams and planks scattered in the water
dia terpaksa mengelak rasuk dan papan yang bertaburan di dalam air
for a moment everything turned into complete darkness

seketika semuanya berubah menjadi gelap gulita
and the little mermaid could not see where she was
dan ikan duyung kecil tidak dapat melihat di mana dia berada
but then a flash of lightning revealed the whole scene
tetapi kemudian kilat menyingkap seluruh kejadian
she could see everyone was still on board of the ship
dia dapat melihat semua orang masih berada di atas kapal itu
well, everyone was on board of the ship, except the prince
Nah, semua orang berada di atas kapal itu, kecuali putera raja
the ship continued on its path to the land
kapal itu meneruskan perjalanannya ke darat
and she saw the prince sink into the deep waves
dan dia melihat putera raja tenggelam ke dalam ombak yang dalam
for a moment this made her happier than it should have
buat seketika ini membuatkan dia lebih gembira daripada yang sepatutnya
now that he was in the sea she could be with him
kini dia berada di dalam laut dia boleh bersamanya
Then she remembered the limits of human beings
Kemudian dia teringat batas-batas manusia
the people of the land cannot live in the water
penduduk negeri tidak boleh hidup di dalam air
if he got to the palace he would already be dead
jika dia sampai ke istana dia sudah mati
"No, he must not die!" she decided
"Tidak, dia tidak boleh mati!" dia memutuskan
she forget any concern for her own safety
dia melupakan sebarang kebimbangan untuk keselamatan dirinya
and she swam through the beams and planks
dan dia berenang melalui rasuk dan papan
two beams could easily crush her to pieces
dua rasuk boleh menghancurkannya dengan mudah
she dove deep under the dark waters
dia terjun jauh di bawah air yang gelap

everything rose and fell with the waves
semuanya bangkit dan jatuh bersama ombak
finally, she managed to reach the young prince
akhirnya, dia berjaya menemui putera muda itu
he was fast losing the power to swim in the stormy sea
dia cepat kehilangan kuasa untuk berenang di laut bergelora
His limbs were starting to fail him
Anggota badannya mula lemah
and his beautiful eyes were closed
dan mata indahnya tertutup
he would have died had the little mermaid not come
dia akan mati sekiranya duyung kecil itu tidak datang
She held his head above the water
Dia memegang kepalanya di atas air
and she let the waves carry them where they wanted
dan dia membiarkan ombak membawa mereka ke mana mereka mahu

In the morning the storm had ceased
Pada waktu pagi ribut telah berhenti
but of the ship not a single fragment could be seen
tetapi dari kapal itu tidak kelihatan satu serpihan pun
The sun came up, red and shining, out of the water
Matahari terbit, merah dan bersinar, keluar dari air
the sun's beams had a healing effect on the prince
pancaran matahari memberi kesan penyembuhan kepada putera raja
the hue of health returned to the prince's cheeks
rona kesihatan kembali ke pipi putera raja
but despite the sun, his eyes remained closed
tetapi walaupun matahari, matanya tetap tertutup
The mermaid kissed his high, smooth forehead
Duyung itu mencium dahinya yang tinggi dan licin
and she stroked back his wet hair
dan dia membelai rambutnya yang basah
He seemed to her like the marble statue in her garden

Dia kelihatan seperti patung marmar di tamannya
so she kissed him again, and wished that he lived
maka dia mencium dia lagi, dan berharap bahawa dia hidup

Presently, they came in sight of land
Pada masa ini, mereka melihat tanah
and she saw lofty blue mountains on the horizon
dan dia melihat gunung biru yang tinggi di kaki langit
on top of the mountains the white snow rested
di atas gunung salji putih berehat
as if a flock of swans were lying upon the mountains
seolah-olah sekawan angsa sedang berbaring di atas pergunungan
Beautiful green forests were near the shore
Hutan hijau yang indah terletak berhampiran pantai
and close by there stood a large building
dan dekat situ berdiri sebuah bangunan besar
it could have been a church or a convent
ia boleh menjadi gereja atau biara
but she was still too far away to be sure
tetapi dia masih terlalu jauh untuk memastikannya
Orange and citron trees grew in the garden
Pokok oren dan sitron tumbuh di taman
and before the door stood lofty palms
dan di hadapan pintu berdiri telapak tangan yang tinggi
The sea here formed a little bay
Laut di sini membentuk teluk kecil
in the bay the water lay quiet and still
di teluk airnya tenang dan tenang
but although the water was still, it was very deep
tetapi walaupun airnya tenang, ia sangat dalam
She swam with the handsome prince to the beach
Dia berenang bersama putera kacak itu ke pantai
the beach was covered with fine white sand
pantai itu dilitupi pasir putih yang halus
and on the sand she laid him in the warm sunshine

dan di atas pasir dia membaringkannya di bawah sinar matahari yang hangat
she took care to raise his head higher than his body
dia mengambil berat untuk mengangkat kepalanya lebih tinggi daripada badannya
Then bells sounded from the large white building
Kemudian loceng kedengaran dari bangunan besar berwarna putih itu
some young girls came into the garden
beberapa gadis muda datang ke taman
The little mermaid swam out farther from the shore
Ikan duyung kecil itu berenang keluar lebih jauh dari pantai
she hid herself among some high rocks in the water
dia bersembunyi di antara beberapa batu tinggi di dalam air
she covered her head and neck with the foam of the sea
dia menutup kepala dan lehernya dengan buih laut
and she watched to see what would become of the poor prince
dan dia memerhati untuk melihat apa yang akan berlaku kepada putera malang itu

It was not long before she saw a young girl approach
Tidak lama kemudian dia melihat seorang gadis muda menghampiri
the young girl seemed frightened, at first
gadis muda itu kelihatan ketakutan, pada mulanya
but her fear only lasted for a moment
tetapi ketakutannya hanya bertahan seketika
then she brought over a number of people
kemudian dia membawa beberapa orang
and the mermaid saw that the prince came to life again
dan ikan duyung melihat bahawa putera itu hidup semula
he smiled upon those who stood around him
dia tersenyum kepada mereka yang berdiri di sekelilingnya
But to the little mermaid the prince sent no smile

Tetapi kepada putri duyung kecil putera raja tidak
menghantar senyuman
he knew not that it was her who had saved him
dia tidak tahu bahawa dialah yang telah menyelamatkannya
This made the little mermaid very sorrowful
Ini membuat ikan duyung kecil itu sangat sedih
and then he was led away into the great building
dan kemudian dia dibawa pergi ke dalam bangunan besar itu
and the little mermaid dived down into the water
dan ikan duyung kecil itu menyelam ke dalam air
and she returned to her father's castle
dan dia kembali ke istana ayahnya

The Little Mermaid Longs for the Upper World
Putri Duyung Kecil Merindui Dunia Atas

She had always been the most silent and thoughtful of the sisters
Dia selalu menjadi yang paling pendiam dan termenung di antara adik-beradik itu

and now she was more silent and thoughtful than ever
dan kini dia lebih senyap dan berfikir dari sebelumnya

Her sisters asked her what she had seen on her first visit
Kakak-kakaknya bertanya kepadanya apa yang dia lihat pada lawatan pertamanya

but she could tell them nothing of what she had seen
tetapi dia tidak dapat memberitahu mereka apa-apa tentang apa yang telah dilihatnya

Many an evening and morning she returned to the surface
Banyak petang dan pagi dia kembali ke permukaan

and she went to the place where she had left the prince
dan dia pergi ke tempat di mana dia telah meninggalkan putera raja

She saw the fruits in the garden ripen
Dia melihat buah-buahan di taman itu masak

and she watched the fruits gathered from their trees
dan dia melihat buah-buahan dikumpulkan dari pokok mereka

she watched the snow on the mountain tops melt away
dia melihat salji di puncak gunung mencair

but on none of her visits did she see the prince again
tetapi dalam satu lawatannya dia tidak berjumpa putera itu lagi

and therefore she always returned more sorrowful than when she left
dan oleh itu dia selalu kembali dengan lebih sedih daripada ketika dia pergi

her only comfort was sitting in her own little garden

keselesaannya hanya duduk di taman kecilnya sendiri
she flung her arms around the beautiful marble statue
dia merangkul patung marmar yang cantik itu
the statue which looked just like the prince
patung yang kelihatan seperti putera raja
She had given up tending to her flowers
Dia telah berputus asa menjaga bunganya
and her garden grew in wild confusion
dan tamannya berkembang dalam kekeliruan liar
they twinied the long leaves and stems of the flowers around the trees
mereka mengikat daun dan batang bunga yang panjang di sekeliling pokok
so that the whole garden became dark and gloomy
sehingga seluruh taman menjadi gelap dan suram

eventually she could bear the pain no longer
akhirnya dia tidak dapat menanggung kesakitan lagi
and she told one of her sisters all that had happened
dan dia memberitahu salah seorang saudara perempuannya semua yang telah berlaku
soon the other sisters heard the secret
tidak lama kemudian adik-adik yang lain mendengar rahsia itu
and very soon her secret became known to several maids
dan tidak lama kemudian rahsianya diketahui oleh beberapa pembantu rumah
one of the maids had a friend who knew about the prince
salah seorang pembantu rumah mempunyai seorang kawan yang tahu tentang putera raja
She had also seen the festival on board the ship
Dia juga pernah melihat perayaan itu di atas kapal
and she told them where the prince came from
dan dia memberitahu mereka dari mana putera itu berasal
and she told them where his palace stood
dan dia memberitahu mereka di mana istananya berdiri

"Come, little sister," said the other princesses
"Mari, adik perempuan," kata puteri-puteri yang lain
they entwined their arms and rose up together
mereka memaut lengan dan bangkit bersama-sama
they went near to where the prince's palace stood
mereka pergi dekat dengan tempat istana putera itu berdiri
the palace was built of bright-yellow, shining stone
istana itu dibina daripada batu kuning terang dan bersinar
and the palace had long flights of marble steps
dan istana itu mempunyai tangga marmar yang panjang
one of the flights of steps reached down to the sea
salah satu anak tangga sampai ke laut
Splendid gilded cupolas rose over the roof
Kupola berlapis emas yang indah naik di atas bumbung
the whole building was surrounded by pillars
seluruh bangunan itu dikelilingi oleh tiang
and between the pillars stood lifelike statues of marble
dan di antara tiang-tiang itu berdiri patung marmar seperti hidup
they could see through the clear crystal of the windows
mereka dapat melihat melalui hablur jernih tingkap
and they could look into the noble rooms
dan mereka boleh melihat ke dalam bilik mulia
costly silk curtains and tapestries hung from the ceiling
langsir sutera dan permaidani yang mahal digantung di siling
and the walls were covered with beautiful paintings
dan dindingnya ditutup dengan lukisan yang cantik
In the centre of the largest salon was a fountain
Di tengah-tengah salun terbesar itu terdapat air pancut
the fountain threw its sparkling jets high up
air pancut itu melemparkan jetnya yang berkilauan tinggi
the water splashed onto the glass cupola of the ceiling
air terpercik ke kubah kaca siling
and the sun shone in through the water
dan matahari bersinar masuk melalui air
and the water splashed on the plants around the fountain

dan air terpercik ke atas tumbuhan di sekeliling mata air itu

Now the little mermaid knew where the prince lived
Sekarang ikan duyung kecil tahu di mana putera itu tinggal
so she spent many a night in those waters
jadi dia menghabiskan banyak malam di perairan itu
she got more courageous than her sisters had been
dia menjadi lebih berani daripada kakak-kakaknya
and she swam much nearer the shore than they had
dan dia berenang lebih dekat ke pantai daripada mereka
once she went up the narrow channel, under the marble balcony
sekali dia menaiki saluran yang sempit, di bawah balkoni marmar
the balcony threw a broad shadow on the water
balkoni melemparkan bayang yang luas di atas air
Here she sat and watched the young prince
Di sini dia duduk dan memerhatikan putera muda itu
he, of course, thought he was alone in the bright moonlight
dia, tentu saja, menyangka dia bersendirian di bawah cahaya bulan yang terang

She often saw him in the evenings, sailing in a beautiful boat
Dia sering melihatnya pada waktu petang, belayar dengan bot yang indah
music sounded from the boat and the flags waved
muzik kedengaran dari bot dan bendera berkibar
She peeped out from among the green rushes
Dia mengintip keluar dari celah-celah hijau
at times the wind caught her long silvery-white veil
ada kalanya angin menerpa tudung panjangnya yang putih keperakan
those who saw her veil believed it to be a swan
mereka yang melihat tudungnya percaya ia adalah angsa
her veil had all the appearance of a swan spreading its wings

tudungnya mempunyai rupa angsa yang melebarkan sayapnya

Many a night, too, she watched the fishermen set their nets
Banyak malam juga, dia memerhatikan nelayan memasang pukat
they cast their nets in the light of their torches
mereka melemparkan jala mereka dalam cahaya obor mereka
and she heard them tell many good things about the prince
dan dia mendengar mereka memberitahu banyak perkara yang baik tentang putera raja
this made her glad that she had saved his life
ini membuatkan dia gembira kerana dia telah menyelamatkan nyawanya
when he was tossed around half dead on the waves
apabila dia dilambung separuh mati di ombak
She remembered how his head had rested on her bosom
Dia teringat bagaimana kepalanya diletakkan di atas dadanya
and she remembered how heartily she had kissed him
dan dia teringat betapa sepenuh hati dia telah menciumnya
but he knew nothing of all that had happened
tetapi dia tidak tahu apa-apa tentang semua yang berlaku
the young prince could not even dream of the little mermaid
putera muda itu tidak dapat bermimpi tentang ikan duyung kecil itu

She grew to like human beings more and more
Dia semakin menyukai manusia
she wished more and more to be able to wander their world
dia berharap lebih banyak lagi dapat mengembara dunia mereka
their world seemed to be so much larger than her own
dunia mereka seolah-olah lebih besar daripada dunianya sendiri
They could fly over the sea in ships
Mereka boleh terbang di atas laut dengan kapal

and they could mount the high hills far above the clouds
dan mereka boleh menaiki bukit-bukit yang tinggi jauh di atas awan
in their lands they possessed woods and fields
di tanah mereka mereka memiliki hutan dan ladang
the greenery stretched beyond the reach of her sight
kehijauan terbentang di luar jangkauan penglihatannya
There was so much that she wished to know!
Terdapat begitu banyak yang dia ingin tahu!
but her sisters were unable to answer all her questions
tetapi adik-adiknya tidak dapat menjawab semua soalannya
She then went to her old grandmother for answers
Dia kemudian pergi kepada nenek tuanya untuk mendapatkan jawapan
her grandmother knew all about the upper world
neneknya tahu semua tentang dunia atas
she rightly called this world "the lands above the sea"
dia betul-betul memanggil dunia ini "tanah di atas laut"

"If human beings are not drowned, can they live forever?"
"Jika manusia tidak lemas, bolehkah mereka hidup selamanya?"
"Do they never die, as we do here in the sea?"
"Adakah mereka tidak pernah mati, seperti yang kita lakukan di sini di laut?"
"Yes, they die too," replied the old lady
"Ya, mereka juga mati," jawab wanita tua itu
"like us, they must also die," added her grandmother
"seperti kita, mereka juga mesti mati," tambah neneknya
"and their lives are even shorter than ours"
"dan hidup mereka lebih pendek daripada kita"
"We sometimes live for three hundred years"
"Kami kadang-kadang hidup selama tiga ratus tahun"
"but when we cease to exist here we become foam"
"tetapi apabila kita berhenti wujud di sini kita menjadi buih"
"and we float on the surface of the water"

"dan kami terapung di permukaan air"
"we do not have graves for those we love"
"kita tidak mempunyai kubur untuk orang yang kita cintai"
"and we have not immortal souls"
"dan kami tidak mempunyai jiwa yang kekal"
"after we die we shall never live again"
"selepas kita mati kita tidak akan hidup lagi"
"like the green seaweed, once it has been cut off"
"seperti rumpai laut hijau, apabila ia telah dipotong"
"after we die, we can never flourish again"
"Selepas kita mati, kita tidak boleh berkembang lagi"
"Human beings, on the contrary, have souls"
"Manusia, sebaliknya, mempunyai jiwa"
"even after they're dead their souls live forever"
"walaupun selepas mereka mati, jiwa mereka hidup selama-lamanya"
"when we die our bodies turn to foam"
"apabila kita mati badan kita menjadi buih"
"when they die their bodies turn to dust"
"apabila mereka mati badan mereka menjadi debu"
"when we die we rise through the clear, blue water"
"apabila kita mati kita bangkit melalui air yang jernih dan biru"
"when they die they rise up through the clear, pure air"
"apabila mereka mati mereka bangkit melalui udara yang jernih dan bersih"
"when we die we float no further than the surface"
"apabila kita mati kita terapung tidak lebih jauh daripada permukaan"
"but when they die they go beyond the glittering stars"
"tetapi apabila mereka mati mereka melampaui bintang yang bergemerlapan"
"we rise out of the water to the surface"
"kita bangkit dari air ke permukaan"
"and we behold all the land of the earth"
"dan kami melihat seluruh tanah di bumi"

"they rise to unknown and glorious regions"
"mereka naik ke kawasan yang tidak diketahui dan mulia"
"glorious and unknown regions which we shall never see"
"kawasan yang mulia dan tidak diketahui yang tidak akan kita lihat"
the little mermaid mourned her lack of a soul
duyung kecil meratapi kekurangan jiwanya
"Why have not we immortal souls?" asked the little mermaid
"Mengapa kita tidak mempunyai jiwa yang kekal?" tanya puteri duyung kecil itu
"I would gladly give all the hundreds of years that I have"
"Saya dengan senang hati akan memberikan semua ratusan tahun yang saya miliki"
"I would trade it all to be a human being for one day"
"Saya akan menukar semuanya untuk menjadi manusia untuk satu hari"
"I can not imagine the hope of knowing such happiness"
"Saya tidak dapat membayangkan harapan untuk mengetahui kebahagiaan seperti itu"
"the happiness of that glorious world above the stars"
"kebahagiaan dunia yang mulia di atas bintang-bintang"
"You must not think that way," said the old woman
"Anda tidak boleh berfikir seperti itu," kata wanita tua itu
"We believe that we are much happier than the humans"
"Kami percaya bahawa kami jauh lebih bahagia daripada manusia"
"and we believe we are much better off than human beings"
"dan kami percaya kami jauh lebih baik daripada manusia"

"So I shall die," said the little mermaid
"Jadi saya akan mati," kata ikan duyung kecil itu
"being the foam of the sea, I shall be washed about"
"Sebagai buih di lautan, aku akan dihanyutkan"
"never again will I hear the music of the waves"
"Saya tidak akan mendengar muzik ombak lagi"
"never again will I see the pretty flowers"

"Saya tidak akan melihat bunga yang cantik lagi"
"nor will I ever again see the red sun"
"Saya tidak akan melihat matahari merah lagi"
"Is there anything I can do to win an immortal soul?"
"Adakah apa-apa yang boleh saya lakukan untuk memenangi jiwa abadi?"
"No," said the old woman, "unless..."
"Tidak," kata wanita tua itu, "kecuali..."
"there is just one way to gain a soul"
"hanya ada satu cara untuk mendapatkan jiwa"
"a man has to love you more than he loves his father and mother"
"Seorang lelaki perlu menyayangi kamu lebih daripada dia menyayangi ayah dan ibunya"
"all his thoughts and love must be fixed upon you"
"semua pemikiran dan cintanya mesti tertumpu kepada anda"
"he has to promise to be true to you here and hereafter"
"dia harus berjanji untuk setia kepada kamu di sini dan di akhirat"
"the priest has to place his right hand in yours"
"imam perlu meletakkan tangan kanannya di tangan anda"
"then your man's soul would glide into your body"
"maka jiwa lelaki anda akan meluncur ke dalam badan anda"
"you would get a share in the future happiness of mankind"
"anda akan mendapat bahagian dalam kebahagiaan masa depan umat manusia"
"He would give to you a soul and retain his own as well"
"Dia akan memberi anda jiwa dan mengekalkan jiwanya juga"
"but it is impossible for this to ever happen"
"tetapi adalah mustahil untuk ini berlaku"
"Your fish's tail, among us, is considered beautiful"
"Ekor ikan anda, di kalangan kami, dianggap cantik"
"but on earth your fish's tail is considered ugly"
"tetapi di bumi ekor ikan anda dianggap hodoh"
"The humans do not know any better"
"Manusia tidak tahu apa-apa yang lebih baik"

"their standard of beauty is having two stout props"
"standard kecantikan mereka ialah mempunyai dua prop yang gempal"
"these two stout props they call their legs"
"dua alat peraga yang gempal ini mereka panggil kaki mereka"
The little mermaid sighed at what appeared to be her destiny
Putri duyung kecil itu mengeluh melihat apa yang kelihatan seperti takdirnya
and she looked sorrowfully at her fish's tail
dan dia memandang sedih pada ekor ikannya
"Let us be happy with what we have," said the old lady
"Biarlah kita bergembira dengan apa yang kita ada," kata wanita tua itu
"let us dart and spring about for the three hundred years"
"Mari kita melesat dan melompat selama tiga ratus tahun"
"and three hundred years really is quite long enough"
"dan tiga ratus tahun benar-benar cukup lama"
"After that we can rest ourselves all the better"
"Selepas itu kita boleh berehat dengan lebih baik"
"This evening we are going to have a court ball"
"Petang ini kita akan mengadakan bola gelanggang"

It was one of those splendid sights we can never see on earth
Ia adalah salah satu pemandangan indah yang tidak dapat kita lihat di bumi
the court ball took place in a large ballroom
bola gelanggang berlaku di bilik tarian yang besar
The walls and the ceiling were of thick transparent crystal
Dinding dan silingnya diperbuat daripada kristal lut sinar tebal
Many hundreds of colossal sea shells stood in rows on each side
Beratus-ratus kerang laut yang besar berdiri dalam barisan di setiap sisi

some of the sea shells were deep red, others were grass green
beberapa cengkerang laut berwarna merah tua, yang lain hijau rumput
and each of the sea shells had a blue fire in it
dan setiap cangkerang laut mempunyai api biru di dalamnya
These fires lighted up the whole salon and the dancers
Api ini menerangi seluruh salon dan para penari
and the sea shells shone out through the walls
dan kerang laut bersinar keluar melalui dinding
so that the sea was also illuminated by their light
sehingga laut juga diterangi oleh cahaya mereka
Innumerable fishes, great and small, swam past
Ikan yang tidak terhitung, besar dan kecil, berenang melepasi
some of the fishes scales glowed with a purple brilliance
beberapa sisik ikan bercahaya dengan kecemerlangan ungu
and other fishes shone like silver and gold
dan ikan-ikan lain bersinar seperti perak dan emas
Through the halls flowed a broad stream
Melalui dewan mengalir aliran yang luas
and in the stream danced the mermen and the mermaids
dan di sungai menari ikan duyung dan ikan duyung
they danced to the music of their own sweet singing
mereka menari mengikut alunan nyanyian manis mereka sendiri

No one on earth has such lovely voices as they
Tiada sesiapa pun di muka bumi ini yang mempunyai suara sehebat mereka
but the little mermaid sang more sweetly than all
tetapi duyung kecil menyanyi lebih manis daripada semua
The whole court applauded her with hands and tails
Seluruh mahkamah memujinya dengan tangan dan ekor
and for a moment her heart felt quite happy
dan seketika hatinya berasa cukup gembira
because she knew she had the sweetest voice in the sea

kerana dia tahu dia mempunyai suara yang paling manis di dalam laut
and she knew she had the sweetest voice on land
dan dia tahu dia mempunyai suara yang paling manis di darat
But soon she thought again of the world above her
Tetapi tidak lama kemudian dia memikirkan semula dunia di atasnya
she could not forget the charming prince
dia tidak dapat melupakan putera yang menawan itu
it reminded her that he had an immortal soul
ia mengingatkannya bahawa dia mempunyai jiwa yang kekal
and she could not forget that she had no immortal soul
dan dia tidak boleh lupa bahawa dia tidak mempunyai jiwa yang kekal
She crept away silently out of her father's palace
Dia merayap keluar dari istana ayahnya secara senyap
everything within was full of gladness and song
segala sesuatu di dalamnya penuh dengan kegembiraan dan nyanyian
but she sat in her own little garden, sorrowful and alone
tetapi dia duduk di taman kecilnya sendiri, bersedih dan bersendirian
Then she heard the bugle sounding through the water
Kemudian dia terdengar bunyi terompet di dalam air
and she thought, "He is certainly sailing above"
dan dia berfikir, "Dia pasti belayar di atas"
"he, the beautiful prince, in whom my wishes centre"
"dia, putera yang cantik, yang menjadi pusat kehendak saya"
"he, in whose hands I should like to place my happiness"
"dia, di tangan siapa saya ingin meletakkan kebahagiaan saya"
"I will venture all for him to win an immortal soul"
"Saya akan berusaha sedaya upaya untuk dia memenangi jiwa yang abadi"
"my sisters are dancing in my father's palace"
"adik-adik saya menari di istana ayah saya"
"but I will go to the sea witch"

"tetapi saya akan pergi ke ahli sihir laut"
"the sea witch of whom I have always been so afraid"
"penyihir laut yang selalu saya takuti"
"but the sea witch can give me counsel, and help"
"tetapi ahli sihir laut boleh memberi saya nasihat, dan membantu"

The Sea Witch
Penyihir Laut

Then the little mermaid went out from her garden
Kemudian ikan duyung kecil itu keluar dari tamannya
and she took the path to the foaming whirlpools
dan dia mengambil jalan ke pusaran air yang berbuih
behind the foaming whirlpools the sorceress lived
di sebalik pusaran air yang berbuih itu tinggal ahli sihir
the little mermaid had never gone that way before
duyung kecil tidak pernah pergi ke arah itu sebelum ini
Neither flowers nor grass grew where she was going
Bunga mahupun rumput tidak tumbuh di tempat dia pergi
there was nothing but bare, gray, sandy ground
tiada apa-apa selain tanah kosong, kelabu, berpasir
this barren land stretched out to the whirlpool
tanah tandus ini terbentang ke pusaran air
the water was like foaming mill wheels
air itu seperti roda kilang berbuih
and the whirlpools seized everything that came within reach
dan pusaran air merampas segala yang datang dalam jangkauan
the whirlpools cast their prey into the fathomless deep
pusaran air melemparkan mangsanya ke dalam yang tidak terkira
Through these crushing whirlpools she had to pass
Melalui pusaran air yang menghancurkan ini dia harus melaluinya
only then could she reach the dominions of the sea witch
barulah dia dapat mencapai kekuasaan ahli sihir laut
after this came a stretch of warm, bubbling mire
selepas ini datang hamparan lumpur yang hangat dan menggelegak
the sea witch called the bubbling mire her turf moor
ahli sihir laut memanggil lumpur menggelegak sebagai tegalan rumputnya

Beyond her turf moor was the witch's house
Di seberang padang rumputnya terdapat rumah ahli sihir
her house stood in the centre of a strange forest
rumahnya berdiri di tengah-tengah hutan pelik
in this forest all the trees and flowers were polypi
dalam hutan ini semua pokok dan bunga adalah polip
but they were only half plant; the other half was animal
tetapi mereka hanya separuh tumbuhan; separuh lagi adalah haiwan
They looked like serpents with a hundred heads
Mereka kelihatan seperti ular dengan seratus kepala
and each serpent was growing out of the ground
dan setiap ular tumbuh dari tanah
Their branches were long, slimy arms
Dahan mereka adalah lengan yang panjang dan berlendir
and they had fingers like flexible worms
dan mereka mempunyai jari seperti cacing fleksibel
each of their limbs, from the root to the top, moved
setiap anggota badan mereka, dari akar hingga ke atas, bergerak
All that could be reached in the sea they seized upon
Semua yang boleh dicapai di laut mereka rampas
and what they caught they held on tightly to
dan apa yang mereka tangkap mereka pegang erat-erat
so that what they caught never escaped from their clutches
supaya apa yang mereka tangkap tidak pernah terlepas dari cengkaman mereka

The little mermaid was alarmed at what she saw
Puteri duyung kecil itu terkejut dengan apa yang dilihatnya
she stood still and her heart beat with fear
dia berdiri diam dan jantungnya berdegup ketakutan
She came very close to turning back
Dia hampir berpatah balik
but she thought of the beautiful prince

tetapi dia memikirkan putera yang cantik itu
and she thought of the human soul for which she longed
dan dia memikirkan jiwa manusia yang dia rindukan
with these thoughts her courage returned
dengan pemikiran ini keberaniannya kembali
She fastened her long, flowing hair round her head
Dia mengikat rambutnya yang panjang dan mengalir di sekeliling kepalanya
so that the polypi could not grab hold of her hair
sehingga polip itu tidak dapat mencengkam rambutnya
and she crossed her hands across her bosom
dan dia menyilangkan tangannya ke dadanya
and then she darted forward like a fish through the water
dan kemudian dia melesat ke hadapan seperti ikan melalui air
between the subtle arms and fingers of the ugly polypi
antara lengan halus dan jari polip hodoh
the polypi were stretched out on each side of her
polipi itu terbentang pada setiap sisinya
She saw that they all held something in their grasp
Dia melihat bahawa mereka semua memegang sesuatu dalam genggaman mereka
something they had seized with their numerous little arms
sesuatu yang telah mereka rampas dengan lengan kecil mereka yang banyak
they were holding white skeletons of human beings
mereka memegang rangka putih manusia
sailors who had perished at sea in storms
pelaut yang telah terkorban di laut dalam ribut
sailors who had sunk down into the deep waters
pelaut yang telah tenggelam ke dalam air yang dalam
and there were skeletons of land animals
dan terdapat rangka binatang darat
and there were oars, rudders, and chests of ships
dan ada dayung, kemudi, dan peti kapal
There was even a little mermaid whom they had caught

Malah ada seekor ikan duyung kecil yang telah mereka tangkap
the poor mermaid must have been strangled by the hands
puteri duyung yang malang itu pasti telah dicekik oleh tangan
to her this seemed the most shocking of all
baginya ini nampaknya yang paling mengejutkan

finally, she came to a space of marshy ground in the woods
akhirnya, dia sampai ke ruang tanah paya di dalam hutan
here there were large fat water snakes rolling in the mire
di sini terdapat ular air besar gemuk berguling-guling di dalam lumpur
the snakes showed their ugly, drab-colored bodies
ular-ular itu menunjukkan badan mereka yang hodoh dan berwarna menjemukan
In the midst of this spot stood a house
Di tengah-tengah tempat ini berdiri sebuah rumah
the house was built of the bones of shipwrecked human beings
rumah itu dibina daripada tulang manusia yang karam
and in the house sat the sea witch
dan di dalam rumah itu duduk ahli sihir laut
she was allowing a toad to eat from her mouth
dia membenarkan seekor katak makan dari mulutnya
just like when people feed a canary with pieces of sugar
sama seperti ketika orang memberi makan kenari dengan kepingan gula
She called the ugly water snakes her little chickens
Dia memanggil ular air hodoh itu sebagai ayam kecilnya
and she allowed her little chickens to crawl all over her
dan dia membenarkan ayam-ayam kecilnya merayap di atasnya

"I know what you want," said the sea witch
"Saya tahu apa yang awak mahukan," kata ahli sihir laut
"It is very stupid of you to want such a thing"

"Sangat bodoh awak mahukan perkara sebegitu"
"but you shall have your way, however stupid it is"
"tetapi anda akan mempunyai cara anda, betapapun bodohnya"
"though your wish will bring you to sorrow, my pretty princess"
"Walaupun keinginanmu akan membawamu ke kesedihan, puteri cantikku"
"You want to get rid of your mermaid's tail"
"Anda mahu menghilangkan ekor duyung anda"
"and you want to have two stumps instead"
"dan sebaliknya anda mahu mempunyai dua tunggul"
"this will make you like the human beings on earth"
"ini akan menjadikan kamu seperti manusia di bumi"
"and then the young prince might fall in love with you"
"dan kemudian putera muda itu mungkin jatuh cinta dengan awak"
"and then you might have an immortal soul"
"dan kemudian anda mungkin mempunyai jiwa yang kekal"
the witch laughed loud and disgustingly
ahli sihir itu ketawa kuat dan menjijikkan
the toad and the snakes fell to the ground
katak dan ular jatuh ke tanah
and they lay there wriggling on the floor
dan mereka berbaring di sana menggeliat di atas lantai
"You came to me just in time," said the witch
"Anda datang kepada saya tepat pada masanya," kata ahli sihir itu
"after sunrise tomorrow it would have been too late"
"selepas matahari terbit esok sudah terlambat"
"after tomorrow I would not have been able to help you till the end of another year"
"Selepas esok saya tidak akan dapat membantu awak sehingga akhir tahun lagi"
"I will prepare a potion for you"
"Saya akan sediakan ramuan untuk awak"

"swim up to the land tomorrow, before sunrise"
"berenang ke darat esok, sebelum matahari terbit"
"seat yourself there and drink the potion"
"duduk di sana dan minum ramuan itu"
"after you drink the potion your tail will disappear"
"Selepas anda minum ramuan, ekor anda akan hilang"
"and then you will have what men call legs"
"dan kemudian anda akan mempunyai apa yang lelaki panggil kaki"

"all will say you are the prettiest girl in the world"
"semua akan mengatakan anda adalah gadis tercantik di dunia"
"but for this you will have to endure great pain"
"tetapi untuk ini anda perlu menanggung kesakitan yang hebat"
"it will be as if a sword were passing through you"
"seolah-olah pedang sedang melalui kamu"
"You will still have the same gracefulness of movement"
"Anda masih akan mempunyai keanggunan pergerakan yang sama"
"it will be as if you are floating over the ground"
"seolah-olah kamu terapung di atas tanah"
"and no dancer will ever tread as lightly as you"
"dan tiada penari yang akan berjalan seringan seperti kamu"
"but every step you take will cause you great pain"
"tetapi setiap langkah yang anda ambil akan menyebabkan anda kesakitan yang besar"
"it will be as if you were treading upon sharp knives"
"seolah-olah kamu memijak pisau tajam"
"If you bear all this suffering, I will help you"
"Jika anda menanggung semua penderitaan ini, saya akan membantu anda"
the little mermaid thought of the prince
duyung kecil memikirkan putera raja
and she thought of the happiness of an immortal soul

dan dia memikirkan kebahagiaan jiwa yang abadi
"Yes, I will," said the little princess
"Ya, saya akan," kata puteri kecil itu
but, as you can imagine, her voice trembled with fear
tetapi, seperti yang anda boleh bayangkan, suaranya bergetar ketakutan

"do not rush into this," said the witch
"Jangan tergesa-gesa dalam hal ini," kata ahli sihir itu
"once you are shaped like a human, you can never return"
"Apabila anda dibentuk seperti manusia, anda tidak boleh kembali"
"and you will never again take the form of a mermaid"
"dan kamu tidak akan mengambil bentuk ikan duyung lagi"
"You will never return through the water to your sisters"
"Anda tidak akan kembali melalui air kepada saudara perempuan anda"
"nor will you ever go to your father's palace again"
"Kamu juga tidak akan pergi ke istana ayahmu lagi"
"you will have to win the love of the prince"
"anda perlu memenangi cinta putera raja"
"he must be willing to forget his father and mother for you"
"mesti dia sanggup lupakan ayah dan ibunya demi kamu"
"and he must love you with all of his soul"
"dan dia mesti mengasihi awak dengan sepenuh jiwanya"
"the priest must join your hands together"
"imam mesti menyatukan tangan kamu"
"and he must make you man and wife in holy matrimony"
"dan dia mesti menjadikan kamu lelaki dan isteri dalam perkahwinan yang suci"
"only then will you have an immortal soul"
"barulah kamu akan mempunyai jiwa yang kekal"
"but you must never allow him to marry another woman"
"tetapi awak tidak boleh benarkan dia berkahwin dengan wanita lain"

"the morning after he marries another woman, your heart will break"
"Pagi selepas dia berkahwin dengan wanita lain, hati awak akan hancur"
"and you will become foam on the crest of the waves"
"dan kamu akan menjadi buih di puncak ombak"
the little mermaid became as pale as death
duyung kecil menjadi pucat seperti kematian
"I will do it," said the little mermaid
"Saya akan melakukannya," kata putri duyung kecil itu

"But I must be paid, also," said the witch
"Tetapi saya mesti dibayar juga," kata ahli sihir itu
"and it is not a trifle that I ask for"
"dan bukan perkara kecil yang saya minta"
"You have the sweetest voice of any who dwell here"
"Anda mempunyai suara yang paling manis daripada sesiapa yang tinggal di sini"
"you believe that you can charm the prince with your voice"
"anda percaya bahawa anda boleh menawan putera raja dengan suara anda"
"But your beautiful voice you must give to me"
"Tetapi suara awak yang indah mesti awak berikan kepada saya"
"The best thing you possess is the price of my potion"
"Perkara terbaik yang anda miliki ialah harga ramuan saya"
"the potion must be mixed with my own blood"
"ubat itu mesti dicampur dengan darah saya sendiri"
"only this mixture makes the potion as sharp as a two-edged sword"
"hanya campuran ini menjadikan ramuan itu setajam pedang bermata dua"

the little mermaid tried to object to the cost
duyung kecil cuba membantah kos itu
"But if you take away my voice..." said the little mermaid

"Tetapi jika anda merampas suara saya..." kata ikan duyung kecil itu
"if you take away my voice, what is left for me?"
"Jika kamu mengambil suara saya, apa yang tinggal untuk saya?"
"Your beautiful form," suggested the sea witch
"Bentuk awak yang cantik," cadang ahli sihir laut
"your graceful walk, and your expressive eyes"
"perjalananmu yang anggun, dan matamu yang ekspresif"
"Surely, with these things you can enchain a man's heart?"
"Sudah tentu, dengan perkara-perkara ini anda boleh memikat hati lelaki?"
"Well, have you lost your courage?" the sea witch asked
"Nah, awak dah hilang keberanian?" tanya ahli sihir laut
"Put out your little tongue, so that I can cut it off"
"Keluarkan lidah kecil anda, supaya saya boleh memotongnya"
"then you shall have the powerful potion"
"maka kamu akan mendapat ramuan yang kuat"
"It shall be," said the little mermaid
"Ia akan menjadi," kata ikan duyung kecil

Then the witch placed her cauldron on the fire
Kemudian ahli sihir itu meletakkan kualinya di atas api
"Cleanliness is a good thing," said the sea witch
"Kebersihan adalah perkara yang baik," kata ahli sihir laut
she scoured the vessels for the right snake
dia menyelongkar bejana untuk mencari ular yang betul
all the snakes had been tied together in a large knot
semua ular telah diikat bersama dalam satu simpulan yang besar
Then she pricked herself in the breast
Kemudian dia mencucuk payudaranya sendiri
and she let the black blood drop into the caldron
dan dia membiarkan darah hitam itu jatuh ke dalam kuali
The steam that rose twisted itself into horrible shapes

Wap yang naik berpusing-pusing menjadi bentuk yang mengerikan
no person could look at the shapes without fear
tiada orang boleh melihat bentuk-bentuk itu tanpa rasa takut
Every moment the witch threw new ingredients into the vessel
Setiap saat ahli sihir itu melemparkan bahan-bahan baru ke dalam kapal
finally, with everything inside, the caldron began to boil
akhirnya, dengan segala-galanya di dalam, kuali mula mendidih
there was the sound like the weeping of a crocodile
kedengaran bunyi seperti tangisan buaya
and at last the magic potion was ready
dan akhirnya ramuan ajaib telah siap
despite its ingredients, the potion looked like the clearest water
walaupun ramuannya, ramuan itu kelihatan seperti air yang paling jernih
"There it is, all for you," said the witch
"Itu dia, semua untuk awak," kata ahli sihir itu
and then she cut off the little mermaid's tongue
dan kemudian dia memotong lidah duyung kecil itu
so that the little mermaid could never again speak, nor sing again
supaya ikan duyung kecil itu tidak boleh bercakap lagi, atau menyanyi lagi
"the polypi might try and grab you on the way out"
"polypi itu mungkin cuba menangkap anda semasa keluar"
"if they try, throw over them a few drops of the potion"
"jika mereka mencuba, lemparkan ke atas mereka beberapa titis ramuan itu"
"and their fingers will be torn into a thousand pieces"
"dan jari mereka akan dikoyakkan menjadi seribu keping"
But the little mermaid had no need to do this
Tetapi ikan duyung kecil itu tidak perlu melakukan ini

the polypi sprang back in terror when they saw her
polypi itu melompat kembali ketakutan apabila mereka melihatnya
they saw she had lost her tongue to the sea witch
mereka melihat dia telah kehilangan lidahnya kepada ahli sihir laut
and they saw she was carrying the potion
dan mereka melihat dia membawa ramuan itu
the potion shone in her hand like a twinkling star
ramuan itu bersinar di tangannya seperti bintang yang berkelipan

So she passed quickly through the wood and the marsh
Jadi dia cepat-cepat melalui hutan dan paya
and she passed between the rushing whirlpools
dan dia melepasi antara pusaran air yang deras
soon she made her way back to the palace of her father
tidak lama kemudian dia kembali ke istana ayahnya
all the torches in the ballroom were extinguished
semua obor di dalam ballroom telah dipadamkan
all within the palace must now be asleep
semua dalam istana sekarang mesti tidur
But she did not go inside to see them
Tetapi dia tidak masuk ke dalam untuk melihat mereka
she knew she was going to leave them forever
dia tahu dia akan meninggalkan mereka buat selama-lamanya
and she knew her heart would break if she saw them
dan dia tahu hatinya akan hancur jika dia melihat mereka
she went into the garden one last time
dia pergi ke taman buat kali terakhir
and she took a flower from each one of her sisters
dan dia mengambil sekuntum bunga dari setiap saudara perempuannya
and then she rose up through the dark-blue waters
dan kemudian dia bangkit melalui air biru tua

The Little Mermaid Meets the Prince
Putri Duyung Kecil Bertemu Putera

the little mermaid arrived at the prince's palace
duyung kecil tiba di istana putera raja
the sun had not yet risen from the sea
matahari belum terbit dari laut
and the moon shone clear and bright in the night
dan bulan bersinar terang dan terang pada waktu malam
the little mermaid sat at the beautiful marble steps
duyung kecil itu duduk di tangga marmar yang indah
and then the little mermaid drank the magic potion
dan kemudian duyung kecil itu meminum ramuan ajaib itu
she felt the cut of a two-edged sword cut through her
dia merasakan keratan pedang bermata dua memotong dirinya
and she fell into a swoon, and lay like one dead
dan dia jatuh pengsan, dan terbaring seperti orang mati
the sun rose from the sea and shone over the land
matahari terbit dari laut dan bersinar di atas daratan
she recovered and felt the pain from the cut
dia pulih dan merasai kesakitan akibat luka itu
but before her stood the handsome young prince
tetapi di hadapannya berdiri putera muda yang kacak

He fixed his coal-black eyes upon the little mermaid
Dia memfokuskan matanya yang hitam arang pada ikan duyung kecil itu
he looked so earnestly that she cast down her eyes
dia memandang dengan sungguh-sungguh sehingga dia menundukkan pandangannya
and then she became aware that her fish's tail was gone
dan kemudian dia menyedari bahawa ekor ikannya telah hilang
she saw that she had the prettiest pair of white legs

dia melihat bahawa dia mempunyai sepasang kaki putih yang paling cantik
and she had tiny feet, as any little maiden would have
dan dia mempunyai kaki kecil, seperti mana-mana gadis kecil akan mempunyai
But, having come from the sea, she had no clothes
Tetapi, setelah datang dari laut, dia tidak mempunyai pakaian
so she wrapped herself in her long, thick hair
jadi dia membungkus dirinya dengan rambutnya yang panjang dan lebat
The prince asked her who she was and whence she came
Putera raja bertanya kepadanya siapa dia dan dari mana dia datang
She looked at him mildly and sorrowfully
Dia memandangnya dengan lembut dan sedih
but she had to answer with her deep blue eyes
tetapi dia terpaksa menjawab dengan mata biru pekatnya
because the little mermaid could not speak anymore
kerana ikan duyung kecil itu tidak dapat bercakap lagi
He took her by the hand and led her to the palace
Dia memegang tangannya dan membawanya ke istana

Every step she took was as the witch had said it would be
Setiap langkah yang dia ambil adalah seperti yang dikatakan oleh ahli sihir itu
she felt as if she were treading upon sharp knives
dia merasakan seolah-olah dia memijak pisau tajam
She bore the pain of her wish willingly, however
Walau bagaimanapun, dia menanggung kesakitan keinginannya itu
and she moved at the prince's side as lightly as a bubble
dan dia bergerak di sisi putera raja dengan ringan seperti gelembung
all who saw her wondered at her graceful, swaying movements

semua yang melihatnya tertanya-tanya melihat
pergerakannya yang anggun dan bergoyang
She was very soon arrayed in costly robes of silk and muslin
Dia tidak lama kemudian memakai jubah sutera dan muslin
yang mahal
and she was the most beautiful creature in the palace
dan dia adalah makhluk yang paling cantik di istana
but she appeared dumb, and could neither speak nor sing
tetapi dia kelihatan bisu, dan tidak boleh bercakap mahupun
menyanyi

there were beautiful female slaves, dressed in silk and gold
terdapat hamba perempuan yang cantik, berpakaian sutera
dan emas
they stepped forward and sang in front of the royal family
mereka melangkah ke hadapan dan menyanyi di hadapan
kerabat diraja
each slave could sing better than the next one
setiap hamba boleh menyanyi lebih baik daripada yang
seterusnya
and the prince clapped his hands and smiled at her
dan putera raja bertepuk tangan dan tersenyum kepadanya
This was a great sorrow to the little mermaid
Ini adalah kesedihan yang besar kepada ikan duyung kecil itu
she knew how much more sweetly she was able to sing
dia tahu betapa manisnya dia mampu menyanyi
"if only he knew I have given away my voice to be with him!"
"kalau dia tahu saya telah memberikan suara saya untuk
bersamanya!"

there was music being played by an orchestra
ada muzik dimainkan oleh orkestra
and the slaves performed some pretty, fairy-like dances
dan budak-budak itu mempersembahkan beberapa tarian
yang cantik seperti dongeng

Then the little mermaid raised her lovely white arms
Kemudian ikan duyung kecil itu mengangkat tangan putihnya yang cantik
she stood on the tips of her toes like a ballerina
dia berdiri di hujung jari kakinya seperti ballerina
and she glided over the floor like a bird over water
dan dia meluncur di atas lantai seperti burung di atas air
and she danced as no one yet had been able to dance
dan dia menari kerana belum ada seorang pun yang dapat menari
At each moment her beauty was more revealed
Setiap saat kecantikannya semakin terserlah
most appealing of all, to the heart, were her expressive eyes
yang paling menarik, di hati, adalah matanya yang ekspresif
Everyone was enchanted by her, especially the prince
Semua orang terpesona dengannya, terutamanya putera raja
the prince called her his deaf little foundling
putera raja memanggilnya anak kecil yang pekak
and she happily continued to dance, to please the prince
dan dia dengan gembira terus menari, untuk menggembirakan putera raja
but we must remember the pain she endured for his pleasure
tetapi kita mesti ingat kesakitan yang dia alami untuk kesenangannya
every step on the floor felt as if she trod on sharp knives
setiap langkah di lantai terasa bagaikan dia memijak pisau tajam

The prince said she should remain with him always
Putera raja berkata dia harus tinggal bersamanya sentiasa
and she was given permission to sleep at his door
dan dia diberi kebenaran untuk tidur di pintu rumahnya
they brought a velvet cushion for her to lie on
mereka membawa kusyen baldu untuk dia berbaring
and the prince had a page's dress made for her

dan putera raja telah membuat pakaian halaman untuknya
this way she could accompany him on horseback
dengan cara ini dia boleh menemaninya menunggang kuda
They rode together through the sweet-scented woods
Mereka menunggang bersama-sama melalui hutan yang harum
in the woods the green branches touched their shoulders
di dalam hutan dahan-dahan hijau menyentuh bahu mereka
and the little birds sang among the fresh leaves
dan burung-burung kecil bernyanyi di antara daun-daun segar
She climbed with him to the tops of high mountains
Dia mendaki bersamanya ke puncak gunung yang tinggi
and although her tender feet bled, she only smiled
dan walaupun kaki lembutnya berdarah, dia hanya tersenyum
she followed him till the clouds were beneath them
dia mengikut dia sehingga awan berada di bawah mereka
like a flock of birds flying to distant lands
seperti kawanan burung yang terbang ke negeri yang jauh

when all were asleep she sat on the broad marble steps
apabila semua tidur dia duduk di atas tangga marmar yang luas
it eased her burning feet to bathe them in the cold water
ia meredakan kakinya yang terbakar untuk memandikan mereka dalam air sejuk
It was then that she thought of all those in the sea
Ketika itulah dia memikirkan semua yang ada di dalam laut
Once, during the night, her sisters came up, arm in arm
Suatu ketika, pada waktu malam, kakak-kakaknya datang, berpegangan tangan
they sang sorrowfully as they floated on the water
mereka menyanyi dengan sedih sambil terapung di atas air
She beckoned to them, and they recognized her
Dia memberi isyarat kepada mereka, dan mereka mengenalinya

they told her how they had grieved their youngest sister
mereka memberitahunya bagaimana mereka telah menyedihkan adik bongsu mereka
after that, they came to the same place every night
selepas itu, mereka datang ke tempat yang sama setiap malam
Once she saw in the distance her old grandmother
Sekali dia melihat dari jauh nenek tuanya
she had not been to the surface of the sea for many years
dia tidak pernah ke permukaan laut selama bertahun-tahun
and the old Sea King, her father, with his crown on his head
dan Raja Laut tua, bapanya, dengan mahkotanya di atas kepalanya
he too came to where she could see him
dia juga datang ke tempat dia boleh melihatnya
They stretched out their hands towards her
Mereka menghulurkan tangan ke arahnya
but they did not venture as near the land as her sisters
tetapi mereka tidak meneroka sedekat mungkin dengan saudara perempuannya

As the days passed she loved the prince more dearly
Hari-hari berlalu dia semakin menyayangi putera raja
and he loved her as one would love a little child
dan dia mengasihinya seperti orang akan mengasihi seorang anak kecil
The thought never came to him to make her his wife
Fikiran tidak pernah datang kepadanya untuk menjadikan dia isterinya
but, unless he married her, her wish would never come true
tetapi, melainkan dia berkahwin dengannya, hasratnya tidak akan menjadi kenyataan
unless he married her she could not receive an immortal soul
melainkan jika dia mengahwininya, dia tidak dapat menerima jiwa yang kekal
and if he married another her dreams would shatter
dan jika dia berkahwin lain impiannya akan berkecai

on the morning after his marriage she would dissolve
pada pagi selepas perkahwinannya dia akan dibubarkan
and the little mermaid would become the foam of the sea
dan ikan duyung kecil itu akan menjadi buih laut

the prince took the little mermaid in his arms
putera raja membawa puteri duyung kecil itu dalam dakapannya
and he kissed her on her forehead
dan dia mencium dahinya
with her eyes she tried to ask him
dengan matanya dia cuba bertanya kepadanya
"Do you not love me the most of them all?"
"Adakah anda tidak paling mencintai saya daripada mereka semua?"
"Yes, you are dear to me," said the prince
"Ya, awak sayang kepada saya," kata putera raja
"because you have the best heart"
"kerana kamu mempunyai hati yang terbaik"
"and you are the most devoted to me"
"dan awaklah yang paling berbakti kepada saya"
"You are like a young maiden whom I once saw"
"Anda seperti seorang gadis muda yang pernah saya lihat"
"but I shall never meet this young maiden again"
"tetapi saya tidak akan bertemu dengan gadis muda ini lagi"
"I was in a ship that was wrecked"
"Saya berada di dalam kapal yang karam"
"and the waves cast me ashore near a holy temple"
"dan ombak melemparkan saya ke darat dekat kuil suci"
"at the temple several young maidens performed the service"
"di kuil beberapa orang gadis melakukan perkhidmatan itu"
"The youngest maiden found me on the shore"
"Anak dara bongsu menemui saya di pantai"
"and the youngest of the maidens saved my life"
"dan anak bongsu perempuan menyelamatkan nyawaku"
"I saw her but twice," he explained

"Saya melihatnya tetapi dua kali," jelasnya
"and she is the only one in the world whom I could love"
"dan dia satu-satunya di dunia yang boleh saya cintai"
"But you are like her," he reassured the little mermaid
"Tetapi anda seperti dia," dia meyakinkan ikan duyung kecil itu
"and you have almost driven her image from my mind"
"dan anda telah hampir membuang imejnya dari fikiran saya"
"She belongs to the holy temple"
"Dia milik kuil suci"
"good fortune has sent you instead of her to me"
"Nasib baik telah menghantar awak bukannya dia kepada saya"
"We will never part," he comforted the little mermaid
"Kami tidak akan berpisah," dia menghiburkan ikan duyung kecil itu

but the little mermaid could not help but sigh
tetapi duyung kecil itu tidak dapat menahan nafasnya
"he knows not that it was I who saved his life"
"dia tidak tahu bahawa sayalah yang menyelamatkan nyawanya"
"I carried him over the sea to where the temple stands"
"Saya membawanya ke atas laut ke tempat kuil berdiri"
"I sat beneath the foam till the human came to help him"
"Saya duduk di bawah buih sehingga manusia datang untuk membantunya"
"I saw the pretty maiden that he loves"
"Saya melihat gadis cantik yang dia cintai"
"the pretty maiden that he loves more than me"
"anak dara cantik yang dia cintai lebih daripada saya"
The mermaid sighed deeply, but she could not weep
Putri duyung itu mengeluh dalam-dalam, tetapi dia tidak boleh menangis
"He says the maiden belongs to the holy temple"
"Dia berkata gadis itu milik kuil suci"

"therefore she will never return to the world"
"oleh itu dia tidak akan kembali ke dunia"
"they will meet no more," the little mermaid hoped
"mereka tidak akan bertemu lagi," puteri duyung kecil berharap
"I am by his side and see him every day"
"Saya berada di sisinya dan melihatnya setiap hari"
"I will take care of him, and love him"
"Saya akan jaga dia, dan sayang dia"
"and I will give up my life for his sake"
"dan aku akan menyerahkan nyawaku demi dia"

The Day of the Wedding
Hari Perkahwinan

Very soon it was said that the prince was going to marry
Tidak lama kemudian dikatakan bahawa putera raja akan berkahwin
there was the beautiful daughter of a neighbouring king
terdapat anak perempuan raja jiran yang cantik
it was said that she would be his wife
dikatakan bahawa dia akan menjadi isterinya
for the occasion a fine ship was being fitted out
untuk majlis itu sebuah kapal yang baik sedang dipasang
the prince said he intended only to visit the king
putera raja berkata dia hanya berniat untuk melawat raja
they thought he was only going so as to meet the princess
mereka menyangka dia hanya pergi untuk berjumpa dengan puteri
The little mermaid smiled and shook her head
Putri duyung kecil itu tersenyum dan menggelengkan kepalanya
She knew the prince's thoughts better than the others
Dia tahu fikiran putera raja lebih baik daripada yang lain

"I must travel," he had said to her
"Saya mesti mengembara," katanya kepadanya
"I must see this beautiful princess"
"Saya mesti melihat puteri cantik ini"
"My parents want me to go and see her"
"Ibu bapa saya mahu saya pergi dan berjumpa dengannya"
"but they will not oblige me to bring her home as my bride"
"tetapi mereka tidak akan mewajibkan saya membawanya pulang sebagai pengantin perempuan saya"
"you know that I cannot love her"
"Anda tahu bahawa saya tidak boleh mencintainya"
"because she is not like the beautiful maiden in the temple"
"kerana dia tidak seperti gadis cantik di kuil"

"the beautiful maiden whom you resemble"
"gadis cantik yang awak mirip"
"If I were forced to choose a bride, I would choose you"
"Jika saya dipaksa untuk memilih pengantin perempuan, saya akan memilih awak"
"my deaf foundling, with those expressive eyes"
"anak pekak saya, dengan mata yang ekspresif itu"
Then he kissed her rosy mouth
Kemudian dia mencium mulutnya yang merah jambu itu
and he played with her long, waving hair
dan dia bermain dengan rambutnya yang panjang dan melambai
and he laid his head on her heart
dan dia meletakkan kepalanya di atas hatinya
she dreamed of human happiness and an immortal soul
dia mengimpikan kebahagiaan manusia dan jiwa yang abadi

they stood on the deck of the noble ship
mereka berdiri di atas dek kapal yang mulia itu
"You are not afraid of the sea, are you?" he said
"Anda tidak takut dengan laut, bukan?" katanya
the ship was to carry them to the neighbouring country
kapal itu akan membawa mereka ke negara jiran
Then he told her of storms and of calms
Kemudian dia memberitahunya tentang ribut dan ketenangan
he told her of strange fishes deep beneath the water
dia memberitahunya tentang ikan aneh di dalam air
and he told her of what the divers had seen there
dan dia memberitahunya tentang apa yang dilihat oleh penyelam di sana
She smiled at his descriptions, slightly amused
Dia tersenyum melihat penerangannya, sedikit terhibur
she knew better what wonders were at the bottom of the sea
dia lebih tahu apa keajaiban di dasar laut

the little mermaid sat on the deck at moonlight

ikan duyung kecil itu duduk di atas dek pada cahaya bulan
all on board were asleep, except the man at the helm
semua di atas kapal tidur, kecuali lelaki yang mengemudi
and she gazed down through the clear water
dan dia merenung ke bawah melalui air yang jernih
She thought she could distinguish her father's castle
Dia fikir dia boleh membezakan istana ayahnya
and in the castle she could see her aged grandmother
dan di dalam istana dia dapat melihat neneknya yang sudah tua
Then her sisters came out of the waves
Kemudian adik-adiknya keluar dari ombak
and they gazed at their sister mournfully
dan mereka merenung adik mereka dengan sedih
She beckoned to her sisters, and smiled
Dia memberi isyarat kepada adik-adiknya, dan tersenyum
she wanted to tell them how happy and well off she was
dia ingin memberitahu mereka betapa gembira dan kayanya dia
But the cabin boy approached and her sisters dived down
Tetapi budak kabin itu menghampiri dan adik-adiknya terjun ke bawah
he thought what he saw was the foam of the sea
dia menyangka apa yang dilihatnya adalah buih laut

The next morning the ship got into the harbour
Keesokan paginya kapal itu masuk ke pelabuhan
they had arrived in a beautiful coastal town
mereka telah tiba di sebuah bandar pantai yang indah
on their arrival they were greeted by church bells
setibanya mereka disambut oleh loceng gereja
and from the high towers sounded a flourish of trumpets
dan dari menara-menara yang tinggi terdengar bunyi sangkakala
soldiers lined the roads through which they passed
askar berbaris di jalan yang mereka lalui

Soldiers, with flying colors and glittering bayonets
Askar, dengan warna cemerlang dan bayonet yang berkilauan
Every day that they were there there was a festival
Setiap hari mereka berada di sana ada perayaan
balls and entertainments were organised for the event
bola dan hiburan telah dianjurkan untuk acara tersebut
But the princess had not yet made her appearance
Tetapi puteri masih belum muncul
she had been brought up and educated in a religious house
dia telah dibesarkan dan dididik di rumah agama
she was learning every royal virtue of a princess
dia sedang mempelajari setiap sifat diraja seorang puteri

At last, the princess made her royal appearance
Akhirnya, puteri itu membuat penampilan dirajanya
The little mermaid was anxious to see her
Puteri duyung kecil itu cemas melihatnya
she had to know whether she really was beautiful
dia perlu tahu sama ada dia benar-benar cantik
and she was obliged to admit she really was beautiful
dan dia terpaksa mengakui dia benar-benar cantik
she had never seen a more perfect vision of beauty
dia tidak pernah melihat penglihatan kecantikan yang lebih sempurna
Her skin was delicately fair
Kulitnya cerah halus
and her laughing blue eyes shone with truth and purity
dan mata birunya yang ketawa bersinar dengan kebenaran dan kesucian
"It was you," said the prince
"Ia adalah kamu," kata putera raja
"you saved my life when I lay as if dead on the beach"
"Awak menyelamatkan nyawa saya ketika saya terbaring seolah-olah mati di pantai"
"and he held his blushing bride in his arms"

"dan dia memegang pengantin perempuannya yang memerah dalam pelukannya"

"Oh, I am too happy!" said he to the little mermaid
"Oh, saya terlalu gembira!" kata dia kepada duyung kecil itu
"my fondest hopes are now fulfilled"
"harapan terindah saya kini tercapai"
"You will rejoice at my happiness"
"Anda akan bergembira dengan kebahagiaan saya"
"because your devotion to me is great and sincere"
"kerana pengabdianmu kepadaku besar dan ikhlas"
The little mermaid kissed the prince's hand
Putri duyung kecil itu mencium tangan putera raja
and she felt as if her heart were already broken
dan dia merasakan seolah-olah hatinya sudah hancur
the morning of his wedding was going to bring death to her
pagi perkahwinannya akan membawa kematian kepadanya
she knew she was to become the foam of the sea
dia tahu dia akan menjadi buih laut

the sound of the church bells rang through the town
bunyi loceng gereja berbunyi di seluruh bandar
the heralds rode through the town proclaiming the betrothal
bentara menunggang melalui bandar mengisytiharkan pertunangan
Perfumed oil was burned in silver lamps on every altar
Minyak wangi dibakar dalam lampu perak di atas setiap mezbah
The priests waved the censers over the couple
Para imam melambaikan pedupaan ke atas pasangan itu
and the bride and the bridegroom joined their hands
dan pengantin perempuan dan pengantin lelaki bergabung tangan mereka
and they received the blessing of the bishop
dan mereka menerima berkat uskup
The little mermaid was dressed in silk and gold

Duyung kecil itu berpakaian sutera dan emas
she held up the bride's dress, in great pain
dia memegang pakaian pengantin perempuan, dalam kesakitan yang sangat
but her ears heard nothing of the festive music
tetapi telinganya tidak mendengar apa-apa tentang muzik perayaan
and her eyes saw not the holy ceremony
dan matanya tidak melihat upacara suci itu
She thought of the night of death coming to her
Dia memikirkan malam kematian yang akan datang kepadanya
and she mourned for all she had lost in the world
dan dia meratapi semua yang dia telah hilang di dunia

that evening the bride and bridegroom boarded the ship
petang itu pasangan pengantin menaiki kapal
the ship's cannons were roaring to celebrate the event
meriam kapal menderu-deru meraikan majlis tersebut
and all the flags of the kingdom were waving
dan semua bendera kerajaan itu berkibar
in the centre of the ship a tent had been erected
di tengah-tengah kapal itu sebuah khemah telah didirikan
in the tent were the sleeping couches for the newlyweds
di dalam khemah terdapat pelamin tidur untuk pengantin baru
the winds were favourable for navigating the calm sea
angin bertiup baik untuk mengemudi laut yang tenang
and the ship glided as smoothly as the birds of the sky
dan kapal itu meluncur dengan lancar seperti burung di langit

When it grew dark, a number of colored lamps were lighted
Apabila hari menjadi gelap, beberapa lampu berwarna dinyalakan
the sailors and royal family danced merrily on the deck

pelayar dan keluarga diraja menari dengan riang di atas geladak
The little mermaid could not help thinking of her birthday
Duyung kecil itu tidak dapat mengelak memikirkan hari lahirnya
the day that she rose out of the sea for the first time
hari dia bangkit dari laut buat kali pertama
similar joyful festivities were celebrated on that day
perayaan meriah yang serupa telah disambut pada hari tersebut
she thought about the wonder and hope she felt that day
dia memikirkan tentang keajaiban dan harapan yang dia rasakan pada hari itu
with those pleasant memories, she too joined in the dance
dengan kenangan indah itu, dia turut menyertai tarian itu
on her paining feet, she poised herself in the air
dengan kakinya yang sakit, dia bersiap sedia di udara
the way a swallow poises itself when in pursued of prey
cara burung walet bersiap sedia apabila mengejar mangsa
the sailors and the servants cheered her wonderingly
pelayar dan pelayan bersorak dengan hairan
She had never danced so gracefully before
Dia tidak pernah menari dengan begitu anggun sebelum ini
Her tender feet felt as if cut with sharp knives
Kakinya yang lembut terasa seperti dihiris dengan pisau tajam
but she cared little for the pain of her feet
tetapi dia tidak peduli dengan sakit kakinya
there was a much sharper pain piercing her heart
ada rasa sakit yang lebih tajam menusuk jantungnya

She knew this was the last evening she would ever see him
Dia tahu ini adalah petang terakhir dia akan berjumpa dengannya
the prince for whom she had forsaken her kindred and home
putera raja yang dia telah meninggalkan keluarga dan rumahnya

She had given up her beautiful voice for him
Dia telah menyerahkan suara indahnya untuknya
and every day she had suffered unheard-of pain for him
dan setiap hari dia telah mengalami kesakitan yang tidak pernah didengari untuknya
she suffered all this, while he knew nothing of her pain
dia menderita semua ini, sedangkan dia tidak tahu apa-apa tentang kesakitannya
it was the last evening she would breath the same air as him
itu adalah petang terakhir dia akan menghirup udara yang sama dengannya
it was the last evening she would gaze on the same starry sky
itu adalah petang terakhir dia akan menatap langit berbintang yang sama
it was the last evening she would gaze into the deep sea
itu adalah petang terakhir dia akan merenung ke laut dalam
it was the last evening she would gaze into the eternal night
itu adalah petang terakhir dia akan merenung ke dalam malam yang kekal
an eternal night without thoughts or dreams awaited her
malam abadi tanpa pemikiran atau mimpi menantinya
She was born without a soul, and now she could never win one
Dia dilahirkan tanpa jiwa, dan kini dia tidak boleh memenanginya

All was joy and gaiety on the ship until long after midnight
Semuanya adalah kegembiraan dan keriangan di atas kapal sehingga lama selepas tengah malam
She smiled and danced with the others on the royal ship
Dia tersenyum dan menari dengan yang lain di atas kapal diraja
but she danced while the thought of death was in her heart
tetapi dia menari sambil memikirkan kematian di dalam hatinya

she had to watch the prince dance with the princess
dia terpaksa menonton putera raja menari dengan puteri
she had to watch when the prince kissed his beautiful bride
dia terpaksa menonton apabila putera raja mencium
pengantin perempuannya yang cantik
she had to watch her play with the prince's raven hair
dia terpaksa melihatnya bermain dengan rambut gagak putera
raja
and she had to watch them enter the tent, arm in arm
dan dia terpaksa melihat mereka masuk ke dalam khemah,
berpegangan tangan

After the Wedding
Selepas Perkahwinan

After they had gone all became still on board the ship
Selepas mereka pergi semua menjadi diam di atas kapal
only the pilot, who stood at the helm, was still awake
hanya juruterbang, yang berdiri di kemudi, masih berjaga
The little mermaid leaned on the edge of the vessel
Ikan duyung kecil itu bersandar di tepi kapal
she looked towards the east for the first blush of morning
dia memandang ke arah timur untuk kemerahan pertama pagi
the first ray of the dawn, which was to be her death
sinar pertama fajar, yang akan menjadi kematiannya
from far away she saw her sisters rising out of the sea
dari jauh dia nampak adik-adiknya bangkit dari laut
They were as pale with fear as she was
Mereka pucat ketakutan seperti dia
but their beautiful hair no longer waved in the wind
tetapi rambut mereka yang cantik tidak lagi melambai ditiup angin
"We have given our hair to the witch," said they
"Kami telah memberikan rambut kami kepada ahli sihir itu," kata mereka
"so that you do not have to die tonight"
"supaya kamu tidak perlu mati malam ini"
"for our hair we have obtained this knife"
"untuk rambut kami, kami telah memperoleh pisau ini"
"Before the sun rises you must use this knife"
"Sebelum matahari terbit anda mesti menggunakan pisau ini"
"you must plunge the knife into the heart of the prince"
"kamu mesti menjunam pisau ke jantung putera raja"
"the warm blood of the prince must fall upon your feet"
"darah hangat putera raja mesti jatuh ke atas kakimu"
"and then your feet will grow together again"
"dan kemudian kaki anda akan tumbuh bersama-sama lagi"
"where you have legs you will have a fish's tail again"

"di mana anda mempunyai kaki, anda akan mempunyai ekor ikan lagi"

"and where you were human you will once more be a mermaid"

"dan di mana anda menjadi manusia, anda sekali lagi akan menjadi ikan duyung"

"then you can return to live with us, under the sea"

"maka kamu boleh kembali tinggal bersama kami, di bawah laut"

"and you will be given your three hundred years of a mermaid"

"dan kamu akan diberikan tiga ratus tahun putri duyungmu"

"and only then will you be changed into the salty sea foam"

"dan barulah kamu akan berubah menjadi buih laut yang masin"

"Haste, then; either he or you must die before sunrise"

"Maka segeralah; sama ada dia atau kamu mesti mati sebelum matahari terbit"

"our old grandmother mourns for you day and night"

"nenek tua kami meratapi awak siang dan malam"

"her white hair is falling out"

"rambut putihnya gugur"

"just as our hair fell under the witch's scissors"

"sama seperti rambut kita jatuh di bawah gunting ahli sihir"

"Kill the prince, and come back," they begged her

"Bunuh putera raja, dan kembali," mereka memohon kepadanya

"Do you not see the first red streaks in the sky?"

"Adakah anda tidak melihat jalur merah pertama di langit?"

"In a few minutes the sun will rise, and you will die"

"Dalam beberapa minit matahari akan terbit, dan kamu akan mati"

having done their best, her sisters sighed deeply

setelah melakukan yang terbaik, adik-adiknya mengeluh dalam-dalam

mournfully her sisters sank back beneath the waves

dengan sedih adik-adiknya tenggelam kembali di bawah ombak
and the little mermaid was left with the knife in her hands
dan putri duyung kecil itu ditinggalkan dengan pisau di tangannya

she drew back the crimson curtain of the tent
dia menyelak tirai khemah merah jambu
and in the tent she saw the beautiful bride
dan di dalam khemah dia melihat pengantin perempuan yang cantik
her face was resting on the prince's breast
mukanya disandarkan pada payudara putera raja
and then the little mermaid looked at the sky
dan kemudian ikan duyung kecil itu memandang ke langit
on the horizon the rosy dawn grew brighter and brighter
di kaki langit fajar yang merona semakin cerah
She glanced at the sharp knife in her hands
Dia mengerling ke arah pisau tajam di tangannya
and again she fixed her eyes on the prince
dan sekali lagi dia memerhatikan putera raja
She bent down and kissed his noble brow
Dia tunduk dan mencium kening mulianya
he whispered the name of his bride in his dreams
dia membisikkan nama pengantin perempuannya dalam mimpinya
he was dreaming of the princess he had married
dia bermimpikan puteri yang dikahwininya
the knife trembled in the hand of the little mermaid
pisau itu menggeletar di tangan ikan duyung kecil itu
but she flung the knife far into the sea
tetapi dia melemparkan pisau itu jauh ke dalam laut

where the knife fell the water turned red
di mana pisau itu jatuh air menjadi merah
the drops that spurted up looked like blood

titisan yang terpancut kelihatan seperti darah
She cast one last look upon the prince she loved
Dia melemparkan pandangan terakhir kepada putera yang dicintainya
the sun pierced the sky with its golden arrows
matahari menembusi langit dengan anak panah emasnya
and she threw herself from the ship into the sea
dan dia melemparkan dirinya dari kapal ke laut
the little mermaid felt her body dissolving into foam
puteri duyung kecil merasakan tubuhnya larut menjadi buih
and all that rose to the surface were bubbles of air
dan semua yang naik ke permukaan adalah gelembung udara
the sun's warm rays fell upon the cold foam
sinaran panas matahari jatuh ke atas buih sejuk
but she did not feel as if she were dying
tetapi dia tidak berasa seolah-olah dia akan mati
in a strange way she felt the warmth of the bright sun
dengan cara yang aneh dia merasakan kehangatan matahari yang terang
she saw hundreds of beautiful transparent creatures
dia melihat beratus-ratus makhluk lutsinar yang cantik
the creatures were floating all around her
makhluk itu terapung di sekelilingnya
through the creatures she could see the white sails of the ships
melalui makhluk dia dapat melihat layar putih kapal
and between the sails of the ships she saw the red clouds in the sky
dan di antara layar kapal dia melihat awan merah di langit
Their speech was melodious and childlike
Ucapan mereka merdu dan seperti kanak-kanak
but their speech could not be heard by mortal ears
tetapi ucapan mereka tidak dapat didengari oleh telinga manusia
nor could their bodies be seen by mortal eyes
badan mereka juga tidak dapat dilihat oleh mata fana

The little mermaid perceived that she was like them
Ikan duyung kecil itu menyedari bahawa dia adalah seperti mereka

and she felt that she was rising higher and higher
dan dia merasakan bahawa dia semakin tinggi dan lebih tinggi

"Where am I?" asked she, and her voice sounded ethereal
"Saya di mana?" tanya dia, dan suaranya kedengaran halus

there is no earthly music that could imitate her
tidak ada muzik duniawi yang boleh menirunya

"you are among the daughters of the air," answered one of them
"kamu adalah antara anak perempuan di udara," jawab salah seorang daripada mereka

"A mermaid has not an immortal soul"
"Ikan duyung tidak mempunyai jiwa yang kekal"

"nor can mermaids obtain immortal souls"
"Ikan duyung juga tidak dapat memperoleh jiwa yang abadi"

"unless she wins the love of a human being"
"melainkan dia memenangi cinta seorang manusia"

"on the will of another hangs her eternal destiny"
"atas kehendak orang lain tergantung takdir abadinya"

"like you, we do not have immortal souls either"
"seperti kamu, kami juga tidak mempunyai jiwa yang kekal"

"but we can obtain an immortal soul by our deeds"
"tetapi kita boleh memperoleh jiwa yang kekal dengan perbuatan kita"

"We fly to warm countries and cool the sultry air"
"Kami terbang ke negara yang hangat dan menyejukkan udara yang terik"

"the heat that destroys mankind with pestilence"
"panas yang memusnahkan manusia dengan wabak"

"We carry the perfume of the flowers"
"Kami membawa minyak wangi bunga"

"and we spread health and restoration"
"dan kami menyebarkan kesihatan dan pemulihan"

"for three hundred years we travel the world like this"
"Selama tiga ratus tahun kita mengembara ke dunia seperti ini"
"in that time we strive to do all the good in our power"
"Pada masa itu kami berusaha untuk melakukan semua yang baik dalam kuasa kami"
"if we succeed we receive an immortal soul"
"jika kita berjaya kita menerima jiwa yang kekal"
"and then we too take part in the happiness of mankind"
"dan kemudian kita juga mengambil bahagian dalam kebahagiaan manusia"
"You, poor little mermaid, have done your best"
"Anda, duyung kecil yang malang, telah melakukan yang terbaik"
"you have tried with your whole heart to do as we are doing"
"anda telah mencuba dengan sepenuh hati anda untuk melakukan seperti yang kami lakukan"
"You have suffered and endured an enormous pain"
"Anda telah menderita dan menanggung kesakitan yang sangat besar"
"by your good deeds you raised yourself to the spirit world"
"dengan perbuatan baikmu kamu telah mengangkat dirimu ke alam roh"
"and now you will live alongside us for three hundred years"
"dan sekarang kamu akan tinggal bersama kami selama tiga ratus tahun"
"by striving like us, you may obtain an immortal soul"
"dengan berusaha seperti kami, anda boleh memperoleh jiwa yang kekal"
The little mermaid lifted her glorified eyes toward the sun
Putri duyung kecil itu mengangkat matanya yang penuh kemuliaan ke arah matahari
for the first time, she felt her eyes filling with tears
buat pertama kalinya, dia merasakan matanya bergenang dengan air mata

On the ship she had left there was life and noise
Di atas kapal yang ditinggalkannya terdapat kehidupan dan bunyi bising
she saw the prince and his beautiful bride searching for her
dia melihat putera raja dan pengantin perempuannya yang cantik mencarinya
Sorrowfully, they gazed at the pearly foam
Dengan sedih, mereka merenung buih mutiara itu
it was as if they knew she had thrown herself into the waves
seolah-olah mereka tahu dia telah melemparkan dirinya ke dalam ombak
Unseen, she kissed the forehead of the bride
Tanpa dilihat, dia mengucup dahi pengantin perempuan
and then she rose with the other children of the air
dan kemudian dia bangkit bersama anak-anak udara yang lain
together they went to a rosy cloud that floated above
bersama-sama mereka pergi ke awan merah jambu yang terapung di atas

"After three hundred years," one of them started explaining
"Selepas tiga ratus tahun," salah seorang daripada mereka mula menerangkan
"then we shall float into the kingdom of heaven," said she
"Kemudian kita akan terapung ke dalam kerajaan syurga," katanya
"And we may even get there sooner," whispered a companion
"Dan kita mungkin akan sampai ke sana lebih awal," bisik seorang teman
"Unseen we can enter the houses where there are children"
"Ghaib kita boleh masuk ke rumah yang ada kanak-kanak"
"in some of the houses we find good children"
"di beberapa rumah kami dapati anak-anak yang baik"
"these children are the joy of their parents"
"anak-anak ini adalah kegembiraan ibu bapa mereka"
"and these children deserve the love of their parents"

"dan anak-anak ini berhak mendapat kasih sayang ibu bapa mereka"

"such children shorten the time of our probation"

"kanak-kanak seperti itu memendekkan masa percubaan kita"

"The child does not know when we fly through the room"

"Anak itu tidak tahu bila kita terbang melalui bilik"

"and they don't know that we smile with joy at their good conduct"

"dan mereka tidak tahu bahawa kita tersenyum gembira melihat kelakuan baik mereka"

"because then our judgement comes one day sooner"

"kerana kemudian penghakiman kita datang satu hari lebih cepat"

"But we see naughty and wicked children too"

"Tetapi kita melihat kanak-kanak yang nakal dan jahat juga"

"when we see such children we shed tears of sorrow"

"apabila kita melihat kanak-kanak seperti itu kita menitiskan air mata kesedihan"

"and for every tear we shed a day is added to our time"

"dan setiap air mata yang kita tumpahkan sehari ditambah dengan waktu kita"

www.tranzlaty.com

www.ingramcontent.com/pod-product-compliance
Lightning Source LLC
Chambersburg PA
CBHW010020130526
44590CB00048B/3905